商君书

[战国] 商鞅 著

叶平 译注

北方文艺出版社

图书在版编目（CIP）数据

商君书 /（战国）商鞅著；叶平译注 . -- 哈尔滨：
北方文艺出版社, 2024.8. -- ISBN 978-7-5317-6272-0
Ⅰ . B226.2
中国国家版本馆 CIP 数据核字第 202415JH96 号

商 君 书
SHANG JUN SHU

作　者 /［战国］商　鞅	译　注 / 叶　平
责任编辑 / 常　青	策划编辑 / 袁　艺
出版统筹 / 罗婷婷　庄本婷	装帧设计 / 锦色书装

出版发行 / 北方文艺出版社	邮　编 / 150008
发行电话 /（0451）86825533	经　销 / 新华书店
地　址 / 哈尔滨市南岗区宣庆小区 1 号楼	网　址 / www.bfwy.com
印　刷 / 三河市天润建兴印务有限公司	开　本 / 880mm×1230mm　1/32
字　数 / 105 千	印　张 / 4.5
版　次 / 2024 年 8 月第 1 版	印　次 / 2024 年 8 月第 1 次印刷
书　号 / ISBN 978-7-5317-6272-0	定　价 / 38.00 元

前　言

《商君书》,史书中亦称《商君》或《商子》。汉代时有二十九篇,现存二十六篇,其中两篇存名无文。是法家理论、政策的论文集。由商鞅及其后人撰写。成书时间较长,其中成篇最晚的在周赧王五十五年(前260年)之后,所以可以肯定是战国中、后期的作品。

商鞅,原名卫鞅或卫孙。约生于周安王十二年(前390年),卒于周显王三十一年(前338年)。战国时卫国(今河南洛阳一带)人。周显王八年(前361年)入秦,辅佑秦孝公,先后官拜左庶长和大良造,因变法有功,孝公封之於(今河南内乡县东)、商(今陕西商县东南)十五邑。故号为"商君"或"商鞅"。孝公死后,被秦惠王车裂,享年五十二岁。

《商君书》的中心思想是变法革新。

《商君书》对名利有充分论述,视好名和好利为一切人之本性,并把人生追求目标归为名和利两个方面。正因为追求名利是每个人的生存目标,而人的欲望又各不相同,因此,就需要用法治来约束人的行为，以使正常的社会秩序得到保证。

农战理论是《商君书》最重要的思想。《商君书》从增强国力着眼，认为要富国强兵，就要推行农战政策，对内使人民从事农业，对外使人民奋力于战争。

《商君书》作为一部记叙商鞅变法的论文集，阐述了许多新的经济思想。它把发展农业和进行战争结合起来，并把它作为国家富强的根本，第一次明确提出了重本抑末的理论，并主张实行集中、统一的控制。

《商君书》所提出的重本抑末理论，长期为后人所沿用，虽各时期赋予的内容不同，但也足见其影响之深远，并且，该书所阐述的思想，也为确定和发展封建制度提供了重要的思想理论基础。秦国之所以强大并灭掉六国，建立中国历史上第一个中央集权的国家，其中最重要的原因就是商鞅变法。因此，今天的读者重读《商君书》，应该能有重要的启发和现实的意义。

编者

目 录

商君书卷第一
更法 第一 …………………………………… 003
垦令 第二 …………………………………… 007
农战 第三 …………………………………… 015
去强 第四 …………………………………… 024

商君书卷第二
说民 第五 …………………………………… 033
算地 第六 …………………………………… 039
开塞 第七 …………………………………… 047

商君书卷第三
壹言 第八 …………………………………… 055
错法 第九 …………………………………… 059
战法 第十 …………………………………… 063
立本 第十一 ………………………………… 066
兵守 第十二 ………………………………… 068

靳令 第十三 …………………………………… 071

修权 第十四 …………………………………… 077

商君书卷第四

徕民 第十五 …………………………………… 083

刑约 第十六 …………………………………… 089

赏刑 第十七 …………………………………… 090

画策 第十八 …………………………………… 097

商君书卷第五

境内 第十九 …………………………………… 107

弱民 第二十 …………………………………… 112

御盗 第二十一 ………………………………… 118

外内 第二十二 ………………………………… 119

君臣 第二十三 ………………………………… 122

禁使 第二十四 ………………………………… 125

慎法 第二十五 ………………………………… 129

定分 第二十六 ………………………………… 133

商君书卷第一

更法　第一

　　孝公平画①，公孙鞅、甘龙、杜挚三大夫御于君，虑世事之变，讨正法之本，求使民之道。

　　君曰："代立不忘社稷，君之道也；错法②务明主长，臣之行也。今吾欲变法以治，更礼以教百姓，恐天下之议我也。"

　　公孙鞅曰："臣闻之：'疑行无名，疑事无功。'君亟定变法之虑，殆无顾天下之议之也。且夫有高人之行者，固见负于世；有独知之虑者，必见骜于民。语曰：'愚者暗于成事，知者见于未萌''民不可与虑始，而可与乐成。'郭偃之法曰：'论至德者不和于俗，成大功者不谋于众。'法者，所以爱民也；礼者，所以便事也。是以圣人苟可以强国，不法其故；苟可以利民，不循其礼。"

　　孝公曰："善。"

　　甘龙曰："不然。臣闻之：'圣人不易民而教，知者不变法而治。'因民而教者，不劳而功成；据法而治者，吏习而民安。今若变法，不循秦国之故，更礼以教民，臣恐天下之议君，愿孰察之。"

　　公孙鞅曰："子之所言，世俗之言也。夫常人安于故习，学者溺于所闻。此两者，所以居官而守法，非所与论于法之外也。三代不同礼而王，五霸不同法而霸。故知者作法，而愚者制焉；贤者更礼，而不肖者拘焉。拘礼之人不足与言事，制法之人不足与论变。君无疑矣。"

杜挚曰："臣闻之：'利不百，不变法；功不十，不易器。'臣闻：'法古无过，循礼无邪。'君其图之！"

公孙鞅曰："前世不同教，何古之法？帝王不相复，何礼之循？伏羲、神农教而不诛，黄帝、尧、舜诛而不怒，及至文、武，各当时而立法，因事而制礼。礼、法以时而定；制、令各顺其宜；兵甲器备，各便其用。臣故曰：治世不一道，便国不必法古。汤、武之王也，不循古而兴；殷、夏之灭也，不易礼而亡。然则反古者未必可非，循礼者未足多是也。君无疑矣。"

孝公曰："善！吾闻'穷巷多怪，曲学多辩'。愚者之笑，智者哀焉；狂夫乐之，贤者丧焉。拘世以议，寡人不之疑矣。"于是遂出《垦草令》。

[注释]

①孝公平画：即秦孝公与大臣讨论强国的大计。

②错法：即设立法度，推行法制。错：通"措"。

③循：遵循。

[译文]

秦孝公与大臣商讨国家大事，公孙鞅、甘龙、杜挚三个大夫伴随他一起研讨形势的变化，商量立法的原则，寻求统治民众的办法。

孝公讲："继承先人君位，不忘国家大事，是国君的本职；实行法制，努力弘扬国君的长处，是臣子的职责。如今我想变法来治理国家，改变旧礼来教化百姓，不过又怕天下的人批评我。"

公孙鞅说："我听闻：'行动迟疑不定，便不会有成就；做事犹豫不决，就不会有成效。'您快些拿定变法的主意，不要担心天下的人批评您。何况品行比别人高明的人，总是遭到世人的非议；有独特见解的人，一定要受到人们的嘲笑。俗话讲：'愚笨的人到事情做完了还不明白如何做事，而聪明的人事情还未出现就可以看出苗头。不能和一般的百姓去谈论开创某件事，而只能在事成之后与他们欢庆成功。'郭偃的法书说：'商量崇高道德的人不用附和世俗的偏见，成就大事业的人不与普通人商量。'法是为了爱护民众的，礼是为了方便办事的。故而圣明的人只要能让国家强大，就不沿用旧制度；只要对百姓有利，就不遵从旧规矩。"

秦孝公说："好！"

甘龙讲："不对。我听闻：'圣明的人不改变百姓的旧习俗来施行教化，聪明人不更改旧制度来治理国家。'依照百姓的旧习俗去实行教化，不费气力就能够成功；依据旧制度来治理国家，官吏很熟悉，百姓也习惯。如今如果变法，不遵循秦国的旧制度，变化礼制来教化百姓，我害怕天下人批评您。希望您认真考虑。"

公孙鞅讲："你所说的全是些守旧的老调子。普通人总是固守旧习俗，学者总是局限于自己的旧见闻。这两种人让他们做官守旧法还行，和他们商讨变法的大事就不行了。夏、商、周三代的礼各不一样，不过都能称王于天下；春秋五霸的法制各不一样，不过也能称霸于诸侯。故而只有聪明的人能创布新法，而愚笨的人只能受旧法约束；贤能的人可以变革旧礼，不贤的人却受旧礼的约束。受旧礼约束的人，不配商谈大事；受旧法制约的人，不配商讨变法。国君不要再疑惑了。"

杜挚讲："我听说：'没有百倍的好处，就不要变法；没有十倍的效果，就不更改器物。'我还听说：'仿效古代不会有过失，遵从旧礼不会有偏差。'请您仔细考虑！"

公孙鞅说："先前历代的政教都不一样，该仿效哪个朝代呢？过去帝王的礼都不相同，又该遵从哪一种礼呢？伏羲、神农重视教化而不用杀人；黄帝、尧、舜杀人而不多；一直到周朝的文王、武王，全是适应时代的需要立法，依照实际的情形来制礼。礼制和法令是依据当时的情况制定的，制度、法令都要因时制宜，与各种兵器、铠甲、器具都要方便使用一样。所以我讲：治理国家不要只用一种办法，只要有利于国家，就不必学习古代。商汤王、周武王统一天下，并不是由于他们遵从旧法才兴盛的；殷纣、夏桀最终覆灭，也不是由于他们变化旧礼才亡国。如此看来，反对复古的人不应当受指责，遵循旧礼的人不值得被称赞。您不要再迟疑不决了。"

秦孝公说："讲得好！我听说过'居住偏僻小巷的人常常少见多怪，学识不广、头脑顽固的学者总是做无谓的争辩，愚笨的人所喜爱的，正是聪明的人觉得可悲的；狂妄的人所喜爱的，正是贤能的人感到悲哀的。就算还有拘泥于世俗的观点，我也不再犹豫了。"于是，秦孝公发布开垦荒地的法令《垦草令》。

垦令 第二

无宿治[①]，则邪官不及为私利于民，而百官之情不相稽。百官之情不相稽，则农有余日。邪官不及为私利于民，则农不败。农不败而有余日，则草必垦矣。

訾粟而税，则上壹而民平。上壹则信，信则官不敢为邪。民平则慎，慎则难变。上信而官不敢为邪，民慎而难变，则上不非上，中不苦官。上不非上，中不苦官，则壮民疾[②]农不变。壮民疾农不变，则少民学之不休。少民学之不休，则草必垦矣。

无以外权任爵与官，则民不贵学问，又不贱农。民不贵学则愚，愚则无外交。无外交则国安不殆。民不贱农，则勉农而不偷。国安不殆，勉农而不偷，则草必垦矣。

禄厚而税多，食口众者，败农者也。则以其食口之数，赋而重使之，则辟淫游惰之民无所于食。无所于食则必农，农则草必垦矣。

使商无得籴，农无得粜。农无得粜，则窳惰之农勉疾。商不得籴，则多岁不加乐。多岁不加乐，则饥岁无裕利。无裕利，则商怯。商怯，则欲农。窳惰之农勉疾，商欲农，则草必垦矣。

声服无通于百县，则民行作不顾，休居不听。休居不听，则气不淫；行作不顾，则意必壹。意壹而气不淫，则草必垦矣。

无得取庸，则大夫家长不建缮。爱子不惰食，惰民不窳，而庸民无所于食，是必农。大夫家长不建缮，则农事不伤。爱子惰民不窳，则故田不荒。农事不伤，农民益农，则草必垦矣。

废逆旅，则奸伪、躁心、私交、疑农之民不行，逆旅之民无所于食，则必农。农则草必垦矣。

壹山泽，则恶农、慢惰、倍欲之民无所于食。无所于食，则必农。农则草必垦矣。

贵酒肉之价，重其租，令十倍其朴。然则商贾少，民不能喜酣奭，大臣不为荒饱。商贾少，则上不费粟；民不能喜酣奭，则农不慢；大臣不荒饱，则国事不稽，主无过举。上不费粟，民不慢农，则草必垦矣。

重刑而连其罪，则褊急之民不讼，很刚之民不斗，怠惰之民不游，费资之民不作，巧谀、恶心之民无变也。五民者不生于境内，则草必垦矣。

使民无得擅徙，则诛愚。乱农之民无所于食而必农。愚心躁欲之民壹意，则农民必静。农静诛愚，乱农之民欲农，则草必垦矣。

均出余子之使令，以世使之。又高其解舍，令有甬官[3]食，概。不可以辟役，而大官未可必得也，则余子不游事人，则必农。农则草必垦矣。

国之大臣诸大夫，博闻、辩慧、游居之事，皆无得为；无得居游于百县，则农民无所闻变见方。农民无所闻变见方，则知农无从离其故事，而愚农不知，不好学问。愚农不知，不好学问，则务疾农。知农不离其故事，则草必垦矣。

令军市无有女子，而命其商令人自给甲兵，使视军兴。又使军市无得私输粮者,则奸谋无所于伏,盗粮者无所售,输粮者不私稽,轻惰之民不游军市。盗粮者无所售,送粮者不私稽,轻惰之民不游军市,则农民不淫,国粟不劳,则草必垦矣。

百县之治一形,则徙者不饰,代者不敢更其制,过而废者不能匿其举。过举不匿,则官无邪人,迁者不饰,代者不更,则官属少而民不劳。官无邪,则民不敖。民不敖,则业不败。官属少,则征不烦。民不劳,则农多日。农多日,征不烦,业不败,则草必垦矣。

重关市④之赋,则农恶商,商有疑惰之心。农恶商,商疑惰,则草必垦矣。

以商之口数使商,令之厮、舆、徒、童者必当名,则农逸而商劳。农逸则良田不荒;商劳,则去来赍送之礼无通于百县。则农民不饥,行不饰。农民不饥,行不饰,则公作必疾,而私作不荒,则农事必胜。农事必胜,则草必垦矣。

令送粮无得取僦,无得反庸。车牛舆重,役必当名。然则往速徕疾,则业不败农。业不败农,则草必垦矣。

无得为罪人请于吏而饷食之,则奸民无主。奸民无主,则为奸不勉。为奸不勉,则奸民无朴。奸民无朴,则农民不败。农民不败,则草必垦矣。

[注释]

①无宿治:不准办理政事拖沓迟延。

②疾:原意是极力、努力,这里引申为积极。

③甬官:掌管徭役的官。

④关市：位于交通要道的集市。

[译文]

办理政事不隔夜，违背法制的官吏就没有机会从民众那儿谋取私利，并且，各级官吏之间的政事就不会积压，如此，农民就会有较多空闲时间。违背法制的官吏没有机会从民众那儿谋取私利，农民就不会受到盘剥。农民不受盘剥又有较多空闲时间，那么，荒地就一定能得到开垦了。

依照粮食的收成纳税，国家有关税收的法令就统一，百姓的负担就公平。国家的税收法令统一，百姓对政策有明确的认知。百姓对政策的认知明确，大臣就不敢违背法令。百姓的负担公平就谨慎，不随便改变职业。国家法令统一了，官吏不敢违背法令，百姓谨慎而不随便改业，这样，百姓就不指责国君，也不怨恨官吏。百姓不指责国君，不怨恨官吏，壮年人就积极务农，壮年人积极务农，少年人就会向他们学习。少年人不断向壮年人学习，荒地就一定能得到开垦了。

不受别国势力的影响来封爵位、授官职，百姓就不会看重学问，也不会看轻农业。百姓不看重学问，就会愚昧无知，愚昧无知就不会和别的诸侯国来往。百姓不和别的诸侯国来往，就积极从事农业生产而不懒惰。百姓不看轻农业，国家就稳定且没有危险。国家稳定且没有危险，百姓积极务农而不懒惰，荒地就一定能得到开垦了。

贵族的俸禄高，收税多，食客多，这对农业是有害的。国家要按他们所养食客的人数征税，并增加他们的徭役。如此，那些损害法制、到处游荡、到处游说、好吃懒做的人就不能吃闲饭。这些人不能吃闲饭，就不得不参与农业生产，他们都参与农业生产，荒地就一定能得到开垦了。

严禁商人卖粮食，农民买粮食。农民不能买粮食，偷懒的农民就努力耕种了。商人不能卖粮食，在丰年就不能囤积粮食而牟取利润。丰年不能囤积粮食，荒年就无利可图了。无利可图，商人就不敢经商。商人不敢经商，就想要务农。偷懒的农民努力耕种，商人也想要务农，荒地就一定能得到开垦了。

严禁淫声异服在各县流通，如此，农民在劳动时就见不到奇装异服，在歇息时就听不到靡靡之音。农民在歇息时听不到靡靡之音，精神就不涣散；农民在劳动时见不到奇装异服，心思就一定专一。农民心思专一，精神又不涣散，那么，荒地就一定能得到开垦了。

严禁雇工，如此，大夫、家长就不能雇人建造房屋，大夫的子弟就不能吃闲饭，懒惰的人就不能懒惰，做雇工的人就没有饭吃，于是必须去务农。大夫、家长不建造房屋，农事就不受损害。大夫子弟和懒惰的人不懒惰，原有的田地就不会荒芜。农事不受损害，农民更加尽力务农，荒地就一定能得到开垦了。

不许开设客店，如此，奸民和骗子、见异思迁的人、擅自结交权贵的人、不专心务农的人都不能外出四处周游。开设客店的人不能以此谋生，就一定务农，他们务农，荒地就一定能得到开垦了。

国家统一管理山林湖泊，如此，讨厌农业、偷懒、贪婪的人就不能靠开发山林湖泊的资源谋生。他们不能以此谋生，就一定务农。他们务农，荒地就一定能得到开垦了。

抬高酒肉的价格，加重酒肉的税，让税比成本高十倍，这样，做酒肉买卖的商人就少了，农民就不能饮酒作乐，朝廷大臣就不可荒淫醉饱。商人少了，源头上就不浪费粮食。农民不能饮酒作乐，农业生产就不受影响。朝廷大臣不荒淫醉饱，国家的政事就不会被耽搁，国君就不会有错误的政令。源头上不浪费粮食，农民不轻视农业生产，荒地就一定能得到开垦了。

加重刑罚并且推行连坐法，如此，狭隘、急躁的人就不敢争吵斗嘴，蛮横霸道的人就不敢打架斗殴，好逸恶劳的人就不敢四处游荡，挥霍浪费的人就不敢再挥霍，阿谀奉承、诡计多端的人就不敢再欺骗。国内没有这五种人，荒地就一定能得到开垦了。

不许农民随便搬迁，如此，他们就会愚昧迟钝。那些轻视、扰乱农业生产的人不能生活，所以必定务农。老实淳朴和三心二意的人都一心务农了，农民就会安分守己。农民安分守己，轻视、扰乱农业生产的人想要务农，荒地就一定能得到开垦了。

统一发布有关卿大夫、贵族嫡长子以外子弟担负徭役赋税的法令，依据他们的出身役使他们，并且提升他们免除徭役的条件。设立管理徭役的官吏，供应服役的人一定的口粮。不可能避开徭役，也不能通过游历结交权贵而做大官，因此，贵族子弟就不能到处游逛去投奔豪门权贵，就一定要去务农，如此，荒地就一定能得到开垦了。

不许国家的大臣和大夫追求博学多闻，不许他们蛊惑人心，不许他们周游闲居外乡，更不许他们在全国各地游逛闲居。如此，农民就听不见奇谈怪论，增广见闻。农民听不见奇谈怪论增广见闻，喜欢儒家学问的农民就不能离开原来从事的农业，老实的农民就不能得到别的知识，也不喜欢儒家学问。老实的农民不能得到别的知识，又不喜欢儒家学问，就积极务农；喜欢儒家学问的人不离开从事的农业，荒地就一定能得到开垦了。

命令军队市场不准有女子，还要命令军队内部的市场的商人自备盔甲、武器，使他们重视军队战备的需要来供给军需品；另外，军队内部的市场不许有私运粮食的人，如此，奸人的阴谋就不能隐藏，偷盗军粮的人就没有地方卖出去，运粮食的人也不能私藏粮食，轻浮、懒惰的人就不会闲逛军队内的市场。偷盗军粮的人没有地方出卖，送军粮的人不擅自扣留，轻浮、懒惰的人不游逛军队内的市场。如此，农民就不会被迷惑，国家的粮食就不会损耗，荒地就一定能得到开垦了。

全国各地的政令制度和治理措施统一，违背法令的官吏就不能掩盖真相，新上任的官吏就不敢更改已有制度，有错误而被罢官的官员就不能掩盖自己的错误。有了过错不能掩盖，官吏中就没有违背法令的人了。违背法令的官吏不能掩盖过错，新上任的官吏不敢更改法令制度，这样，官员的从属人员就能够减少，农民的负担就能够减轻。官吏不违背法令，农民就不到处躲藏，农民不到处躲藏，农业生产就不受影响。官吏从属人员减少，赋税徭役不多，农民的担子减轻，就会有更多的时间干农活。做农活的时间多，赋税徭役不繁重，农业生产不受影响，荒地就一定能得到开垦了。

增重交通要道的市场的税收，农民就讨厌经商，商人对经商也就出现怀疑。农民讨厌经商，商人对经商缺乏信心，荒地就一定能得到开垦了。

根据商人家里的人口数摊派徭役，商人家里的奴仆都必须到官府登记，以便按名册分派他们的徭役。这样，农民就担子轻，商人就担子重。农民担子轻，良田就不会荒芜，商人担子重，往来赠送的礼物就不能运到各地去。如此一来，农民就不会挨饿，做事也不用讲排场。农民不挨饿，做事又不讲排场，积极耕作国家的公田，并且私人的田地也不会荒废。这样，农业生产就必定得到发展。农业生产得到发展，荒地就一定能得到开垦了。

下令运输粮食不能雇别人的车子，送粮返回的车不许装载其他货物，车辆的载重量一定要与登记在官府名册上的载重量相同。这样，运粮的车便会往返迅速，运粮的工作就不会耽误农业生产。运粮的工作不耽误农业生产，荒地就一定能得到开垦了。

不许请托官吏给犯罪的人送饭吃，这样，罪犯就没有人保护。罪犯没有人保护，做坏事就没了劲头。做坏事没了劲头，作奸犯科的人就没有了依靠。作奸犯科的人没有了依靠，农民就不会受危害。农民不受危害，荒地就一定能得到开垦了。

农战　第三

凡人主之所以劝民者，官爵也。国之所以兴者，农战也。今民求官爵，皆不以农战，而以巧言虚道，此谓劳民。劳民者，其国必无力。无力者，其国必削。

善为国者，其教民也，皆作壹①而得官爵。是故不作壹，不官无爵。国去言则民朴，民朴则不淫。民见上利之从壹空出也，则作壹。作壹，则民不偷营。民不偷营，则多力。多力，则国强。今境内之民皆曰："农战可避，而官爵可得也。"是故豪杰皆可变业，务学《诗》《书》，随从外权，上可以求显，下可以求官爵；要靡事商贾，为技艺，皆以避农战。具备，国之危也。民以此为教者，其国必削。

善为国者，仓廪虽满，不偷于农；国大民众，不淫于言，则民朴壹。民朴壹，则官爵不可巧而取也。不可巧取，则奸不生。奸不生，则主不惑。今境内之民及处官爵者，见朝廷之可以巧言辩说取官爵也，故官爵不可得而常也。是故进则曲主，退则虑，所以实其私，然则下卖权矣。夫曲主虑私，非国利也，而为之者，以其爵禄也；下卖权，非忠臣也，而为之者，以末货也。然则下官之冀迁者皆曰："多货，则上官可得而欲也。"曰："我不以货事上而求迁者，则如以狸饵鼠尔，必不冀矣。若以情事上而求迁者，则如引诸绝绳而求绳枉木也，愈不冀矣。二者不可以得迁，则我焉得无下动众取货以事上，而以求迁乎？"百姓曰："我疾农，先实公仓，收余以食亲。为上忘生而战，以尊主安国也。仓虚，主卑，家贫，然则不如索官！"亲戚交游，合，则更虑矣。豪杰务学《诗》《书》，随从外权；要靡事商贾，为技艺，皆以避农战。民以此为教，则粟焉得无少，而兵焉得无弱也！

善为国者，官法明，故不任知虑；上作壹，故民不偷营，则国力抟②。国力抟者强，国好言谈者削。故曰：农战之民千人，而有《诗》《书》辩慧者一人焉，千人者皆怠于农战矣。农战之民百人，而有技艺者一人焉，百人者皆怠于农战矣。国待农战而安，主待农战而尊。夫民之不农战也，上好言而官失常也。常官，则国治；壹务，则国富。国富而治，王之道也。故曰：王道非外，身作壹而已矣。

今上论材能知慧而任之，则知慧之人希主好恶，使官制物以适主心。是以官无常，国乱而不壹，辩说之人而无法也。如此，则民务焉得无多？而地焉得无荒？《诗》、《书》、礼、乐、善、修、仁、廉、辩、慧，国有十者，上无使守战。国以十者治，敌至必削，不至必贫。国去此十者，敌不敢至；虽至，必却。兴兵而伐，必取；按兵不伐，必富。国好力者以难攻，以难攻者必兴；好辩者以易攻，以易攻者必危。故圣人明君者，非能尽其万物也，知万物之要也。故其治国也，察要而已矣。

今为国者多无要。朝廷之言治也，纷纷焉务相易也。是以其君惛于说，其官乱于言，其民惰而不农。故其境内之民，皆化而好辩乐学，事商贾，为技艺，避农战。如此，则不远矣。国有事，则学民恶法，商民善化，技艺之民不用，故其国易破也。夫农者寡而游食者众，故其国贫危。今夫螟、螣、蚼蠋春生秋死，一出而民数年不食。今一人耕而百人食之，此其为螟、螣、蚼蠋亦大矣。虽有《诗》《书》，乡一束，家一员，犹无益于治也，非所以反之之术也。故先王反之于农战。故曰：百人农一人居者，王；十人农一人居者，强；半农半居者，危。故治国者欲民者之农也。国不农，则与诸侯争权不能自持也，则众力不足也。故诸侯挠其弱，乘其衰，土地侵削而不振，则无及已。

圣人知治国之要，故令民归心于农。归心于农，则民朴而可正也。纷纷则易使也，信可以守战也。壹，则少诈而重居；壹，则可以赏罚进也；壹则可以外用也。夫民之亲上死制也，以其旦暮从事于农。夫民之不可用也，见言谈游士事君之可以尊身也、商贾之可以富家也、技艺之足以糊口也。民见此三者之便且利也，则必避农。避农，则民轻其居，轻其居则必不为上守战也。凡治国者，患民之散而不可抟也。是以圣人作壹，抟之也。国作壹一岁者，十岁强；作壹十岁者，百岁强；作壹百岁者，千岁强；千岁强者王。君修赏罚以辅壹教。是以其教有所常，而政有成也。

王者得治民之至要，故不待赏赐而民亲上，不待爵禄而民从事，不待刑罚而民致死。国危主忧，说者成伍，无益于安危也。夫国危主忧也者，强敌大国也。人君不能服强敌破大国也，则修守备，便地形，抟民力，以待外事，然后患可以去，而王可致也。是以明君修政作壹，去无用，止浮学事淫之民，壹之农，然后国家可富，而民力可抟也。

今世主皆忧其国之危而兵之弱也，而强听说者。说者成伍，烦言饰辞而无实用。主好其辩，不求其实。说者得意，道路曲辩，辈辈成群。民见其可以取王公大人也，而皆学之。夫人聚党与，说议于国，纷纷焉。小民乐之，大人说之。故其民农者寡而游食者众。众，则农者殆；农者殆则土地荒。学者成俗，则民舍农从事于谈说，高言伪议。舍农游食而以言相高也，故民离上而不臣者成群。此贫国弱兵之教也。夫国庸民以言，则民不畜③于农。故惟明君知好言之不可以强兵辟土也，惟圣人之治国作壹，抟之于农而已矣。

[注释]

①作壹：劳动专一，这里指专务农战。

②抟：聚集。

③畜：喜欢。

[译文]

通常国君鼓励民众靠的是官爵；国家所以可以兴起来，靠的是农业和军事。如今，人们谋取官爵，都不是靠农耕和作战的功绩，而是靠巧辩空谈，这就叫作损耗民力。损耗民力的国家必定没有实力，没有实力的国家国力必定被削弱。

擅长治国的君主，教化民众，都要求通过专心从事农战，才能取得官爵。因此不从事农战就得不到官爵。国家清除空谈的风气，民众就淳朴，民众淳朴就不会放纵。民众见到国君的奖赏只来自农耕和作战这唯一的途径，就会专心从事农耕和作战。民众专心从事农耕和作战，就不会从事不合适的事务。民众不从事不合适的事务，国家就实力增强，实力增强，国家就强大。如今国内的人都说："农耕和作战可以逃避，官爵也能够得到。"因此，社会上有才能、有地位的人都变换本行，认真学习《诗》《书》，追随诸侯国的势力，好的能够得到显赫的地位，差一点儿的也能够得到一官半职。平庸的人就去经商，从事手工业。他们都是为了避开农耕和作战。要是上述两种情况都出现，国家就很危险。如果国君用以上两种行为来教育民众，国力必定削弱。

擅长治国的君主，尽管粮仓满满的，也不放松农耕；国家大、人口多，不让空洞无物的言论泛滥，民众就专心于农战。民众专心于农战，官爵就不能用取巧的手段获得。官爵不能用取巧的手段获得，奸诈的人就不会出现，奸诈的人不出现，国君就不会受迷惑。如今国内的民众以及有官爵的人，看到在朝廷能够用巧辩空谈得到官爵，因此，认为取得官爵就不能依据常规。因此那些人上朝，就阿谀奉承国君，退朝回家，就谋取私利，用以满足私欲，因此他们在下面就玩弄权术，营私舞弊。巴结国君，谋取私利，这些不利于国家，而他们却要这样做，是为了爵位俸禄；在下面滥用职权，就不是忠臣，而他们却要如此做，是为了钱财珍宝。因此，下面想被提拔的小官都说："只要钱财够多，当大官的愿望就能够实现了。"又说："我不拿钱财讨好上司而想升官，那就如同用猫做诱饵诱惑老鼠一样，一定没有成功的可能。假如用实际政绩呈给上司而求升官，那就如同拉着朽断的绳子而想矫正一棵弯树一样，就更没有希望了。既然这两种办法都不能升官，那我怎能不到百姓那里去勒索钱财，用以讨好上司，以求得升官呢？"百姓说："我辛辛苦苦种地，收的粮食先装满国家的粮仓，然后拿剩余的粮食养活亲人，还为国君拼命战斗，这样做，为的是尊敬国君，安定国家。最后，国家的粮仓还是空的，国君的威望还是降低，自己家里还是非常贫穷。这就不如求个官儿当了。"亲戚朋友有了一致的看法，大家改变原来从事农战的想法了。社会上有能力、有地位的人努力去学《诗》《书》，投奔其他诸侯；普通的人去经商，从事手工业，都是为了避开农战。

如果民众都按照这个样子做，那么国家的粮食哪能不少，兵力怎么能不弱呢？

　　善于治国的君主，任用官吏的制度严明，所以不起用那些头脑太灵活的人；国君专心于农耕和作战，民众就不去从事不正确的职业，这样，国家的力量就集中了。国家的力量集中就强大，国家崇尚空谈国力就会被削弱。所以说：如果一千人从事农耕和作战，只有一个人学《诗》《书》，善于狡辩，炫耀聪明，那一千个人对农耕和作战就都没兴趣了；如果一百人从事农耕和作战，只要有一个人从事手工业，那一百个人对农耕和作战就都没兴趣了。国家依靠农耕和作战才能稳定，国君依赖农耕和作战才有尊严。民众之所以不从事农耕和作战，是因为国君喜欢巧辩空谈，不按照法则任用官吏。按法则任用官吏，国家就可以管理得好。专心农战，国家就会强盛。国家强盛而又治理得好，这才是统一天下的方法。因此说：统一天下的方法不是别的，是国君注重农耕和作战罢了。

　　如今君主只凭才能和智慧任用官吏，这样，有智慧的人就察言观色揣测国君的喜好和厌恶，为官者处理政事，也千方百计讨好国主的心意。如此一来，选用官吏就没有常规，国家就混乱而没有统一的政策法令，巧辩游说的人就会变本加厉。像这样，民众所从事的其他职业怎能不多，而耕地又怎能不荒芜呢？国家要是有《诗》、《书》、礼制、乐音、为善、修身、仁爱、廉洁、善辩、慧聪这十样东西，君主就不能使民众守土作战。国家用这十种东西来治理，敌人前来进犯一定会丧失国土，敌人不进犯也一定贫困。国家要是没有这十种东西，敌人就不敢来犯，尽管来犯，也一定败退；出兵讨伐他国，也一定会取得战果，按兵不动，也一定会富足。国家注重耕战，就是用实力去攻击别国，用实力攻击别国的国家一定兴盛。国家喜好巧辩空谈，就是用空谈去攻击别国，用空谈攻击别国的国家必然危险。由此可见，圣人和明主并非能随意运用万物，而是知晓一切事物的规律和要领。因此，他们管理国家，只是辨明要领罢了。

现在治国的人基本不得要领。朝廷讨论治国的方法时，七嘴八舌的，都力求改变别人的想法。因此，君主被各种说法搞糊涂了，官吏被各种说法弄混乱了，民众也就懒懒散散而不想务农了。因而国内的民众都变得喜欢巧辩空谈，愿意学习，经营商业，从事手工业，躲避农耕和作战。这样，国家就离亡国不远了。一旦国家遭遇重大的变故，那些有知识的人破坏法制，商人见风使舵，手工业者也不愿为君主出力，这样的国家就容易被敌人攻击。务农的人少，而靠游说混饭吃的人多，这样的国家就贫穷而危险。就像农作物的害虫螟、蟥、蚼蠋，春生秋死，只要出现一次，民众就会多年歉收。如今一个人耕种而一百个人吃闲饭，这比螟、蟥、蚼蠋导致的危害还要大呀。即使《诗》《书》每乡都有一大捆，每家都有一卷，但是，对于治理国家毫无益处，这不是使国家由贫转富、由危转安的办法。所以，以前有作为的君主是靠农耕和作战来扭转贫危局势的。因此说：一百个人务农，一个人闲着的国家，就能够统一天下；十个人务农，一个人闲着的国家，就能够强盛；一半人务农，一半人闲着的国家，就危险了。所以，治理国家的人总是想要民众从事农业。国家要是不注重农业，在诸侯争霸的时候，就不能自保，这是由于能够依靠的民众的力量不足啊。因此，其他诸侯国就会抓住他的不足来侵扰，趁他衰弱的时候来进犯，这样，国土就会被占领，国力就振作不起来，到那个时候做什么都来不及了。

圣明的君主知晓治国的要领，因此命令民众专心务农。民众专心务农，就朴实而便于管理；他们纷纷专心务农，就容易役使；他们诚实，就能够守土作战。民众专心于农耕和作战，做坏事的就少，而且不会随便搬迁流动。民众专心于农耕和作战，朝廷的赏罚就可以起作用。民众专心于农耕和作战，就能够把他们用来对外作战。民众是从早到晚从事农业生产是因为他们亲附国君死心塌地地遵从。民众不愿为国家效力，是由于他们看到巧辩空谈的说客侍奉国君能够得到尊贵的地位，商人能够发家致富，手工业者也足以养家糊口。民众见到这三种人既自由自在又有利可图，就一定逃避农耕。他们逃避农耕，就会随意搬迁，随意搬迁，就一定不会为国君守土作战。凡是治理国家的人，都怕民众力量分散而不能集中，因此圣明的君主专心于农耕和作战，是为了把民众的力量集中起来。专心农耕和作战一年，国家十年强大；专心于农耕和作战十年，国家百年强大；专心于农耕和作战百年，国家千年强大。千年强大的国家就能够统一天下。君主制定赏罚来辅助农战政策，因此，对民众的教化有常法，治理国家就有效果了。

　　治理天下的人掌握了统治民众的关键，因此用不着赏赐，民众就亲附于国君；用不着封爵加禄，民众就从事农战；不用刑罚，民众就为国效命。在国家危险、君主忧虑的时候，尽管巧辩空谈的人成群，对国家的安危也毫无益处。国家之所以危急，君主之所以忧虑，是因为面对着强大的敌国。假如君主不能制服强敌、攻破大国，就要做好防御的准备，选择有利的作战形势，集中人力来对付敌人的侵扰，这样，外患就能够消除，统一天下的目的就能够达到。所以，明智的君主改革政治，应专心于农耕和作战，除去没用的东西，制止民众学浮夸空洞的学说和从事不正当的职业，使他们专心于农耕，这样，国家才会富强，民众的力量才能集中。

现在的国君都担心自己的国家危急，兵力衰弱，而又硬要听取游说者的话。说客们成群结队，他们繁杂虚伪的话语毫无用途，可是国君喜欢他们的辩说，不管有没有效果。这样一来，说客们很得意，大街小巷到处巧言诡辩，这儿一伙，那儿一群。人们见到这些人能够得到王公大臣之位，就都照着这样做。这些人聚众结党，在国内议论纷纷，普通人喜欢这样，王公大臣也喜欢这样。因此，务农的民众就少了，靠游说吃闲饭的人就多了。吃闲饭的人多，务农的人就失望，务农的人失望，土地就荒废。学巧辩空谈成风，民众就舍弃农耕去巧辩空谈，高谈阔论，抛弃农业，靠游说吃饭，还用言谈争论高低。这样，民众就会和国君离心离德，不听从国君法令的人就越来越多，这是使国家贫穷、兵力衰弱的教化。国家如果凭能言善辩来用人，民众就不会集中力量搞农业。因此，只有明智的国君才知道喜欢空谈是不能加强兵力、扩大领土的。只有圣明的君主治理国家才专心于农战，集中民众的力量搞农业。

去强　第四

以强去强①者，弱；以弱去强者，强。国为善，奸必多。国富而贫治，曰重富，重富者强。国贫而富治，曰重贫，重贫者弱。兵行敌所不敢行，强。事兴敌所羞为，利。主贵多变，国贵少变。国少物，削；国多物，强。千乘之国守千物者削。战事兵用而国强，战乱兵怠而国削。

农、商、官三者，国之常官也。三官者，生虱害②者六：曰岁、曰食、曰美、曰好、曰志、曰行。六者有朴，必削。三官之朴三人，六害之朴一人。以法治者，强；以政治者，削。常官治者，迁官治大。治大，国小；治小，国大。强之，重削；弱之，重强。夫以强攻强者亡，以弱攻强者王。国强而不战，毒输于内，礼乐虱害生，必削；国遂战，毒输于敌，国无礼乐虱害，必强。举劳任功曰强，虱害生必削。农少、商多，贵人贫、商贫、农贫，三官贫，必削。

国有礼、有乐、有《诗》、有《书》、有善、有修、有孝、有弟、有廉、有辩。国有十者，上无使战，必削至亡；国无十者，上有使战，必兴至王。国以善民治奸民者，必乱至削；国以奸民治善民者，必治至强。国用《诗》、《书》、礼、乐、孝、弟、善、修治者，敌至，必削国；不至，必贫。不用八者治，敌不敢至，虽至必却。兴兵而伐，必取，取必能有之；按兵而不攻，必富。国好力，曰以难攻；国好言，曰以易攻。国以难攻者，起一得十；国以易攻者，出十亡百。

重罚轻赏，则上爱民，民死上；重赏轻罚，则上不爱民，民不死上。兴国行罚，民利且畏；行赏，民利且爱。国无力而行知巧者，必亡。怯民使以刑，必勇；勇民使以赏，则死。怯民勇，勇民死，国无敌者强。强，必王。贫者使以刑，则富；富者使以赏，则贫。治国能令贫者富，富者贫，则国多力，多力者王。王者刑九赏一，强国刑七赏三，削国刑五赏五。

　　国作壹一岁，十岁强；作壹十岁，百岁强；作壹百岁，千岁强；千岁强者，王。威，以一取十，以声取实，故能为威者王。能生不能杀，曰自攻之国，必削；能生能杀，曰攻敌之国，必强。故攻害、攻力、攻敌，国用其二舍其一，必强；令用三者，威，必王。

　　十里断者，国弱；五里断者，国强。以日治者王，以夜治者强，以宿治者削。

　　举民众口数，生者著，死者削。民不逃粟，野无荒草，则国富，国富者强。

　　以刑去刑，国治；以刑致刑，国乱。故曰：行刑重轻，刑去事成，国强；重重而轻轻，刑至事生，国削。刑生力，力生强，强生威，威生惠。惠生于力。举力以成勇战，战以成知谋。

　　金生而粟死，粟生而金生。本物贱，事者众，买者少，农困而奸劝，其兵弱，国必削至亡。金一两生于竟内，粟十二石死于竟外；粟十二石生于竟内，金一两死于竟外。国好生金于竟内，则金粟两死，仓府两虚，国弱；国好生粟于竟内，则金粟两生，仓府两实，国强。

　　强国知十三数：竟内仓府之数，壮男壮女之数，老弱之数，官士之数，以言说取食者之数，利民之数，马、牛、刍藁③之数。欲强国，不知国十三数，地虽利，民虽众，国愈弱至削。

国无怨民曰强国。兴兵而伐，则武爵武任，必胜。按兵而农，粟爵粟任，则国富。兵起而胜敌、按兵而国富者王。

[注释]

①强：指不听政令的百姓。
②虱害：像虱子一样为害。
③刍藁：即柴草。

[译文]

使用强民的办法，来消除强民，国家的统治就会被削弱。使用弱民措施，来消除强民，国家的统治就会加强。国家推行"仁政"，奸民就一定增多。国家富裕而当穷国来治理，就会富上加富，富上加富的国家一定强大；国家穷困而当富国来治理，就会贫上加贫，贫上加贫的国家衰弱。军队敢打敌人所不敢打的仗，国家一定强大；在国家大事上能做敌人认为是羞耻的事情，对国家一定有利。国君贵在计谋多变化，国家贵在政令少变化。国家财物少，就要衰弱；国家财物多，国家就强大。有一千辆兵车的国家，假如什么事情都想办，一定衰弱。军纪严明，部队严整，对战争有防备，士兵愿为国君效力，国家一定强；军纪松散，部队混乱，对战争无防备，士兵不愿为国君效力，国家一定弱。

务农、经商、做官这三项是国家正当的职业分工。这三种职业会出现六种危害："岁害""食害""美害""好害""志害""行害"。这六种危害要是有了扎根的地方，国家一定削弱。农、商、官三种职业的根就扎在从事它们的三种人身上，而六种危害的根本就在于国君一人身上。以法治来治理，国家就强大；用"仁政"来治理，国家就衰弱。按照既定法令治理得好的人就升官。施政繁杂，国家就弱小；施政精简，国家就强盛。纵容民众强大不守法，国家就越来越衰弱。使民众淳朴守法，国家就越来越强。如果用强民政策来消除强民，国家就要灭亡；以弱民政策来消除强民，国家就能成就王业。国家强大但不去征伐，毒害就会产生于国内，礼乐等虱害就会出现，国力就一定被削弱。国力强盛就去征战，毒害就转嫁到敌国，国内没有礼乐等虱害，就一定强盛。任有功劳的人，国家一定强盛；虱害产生，国家一定削弱。农耕的人少，经商的人多，由此官吏贫穷、商人贫穷、农民贫穷，从事这三样职业的人都穷困，国家就一定被削弱。

国家有礼、乐、《诗》《书》、善、修、孝、悌、廉、辩这十种东西，国君就没法让民众去打仗，国家一定被削弱以至灭亡。国家没有这十种东西，国君就可以让民众去打仗，国家一定兴盛直至统一天下。国家用善民来治理奸民，一定混乱以至被削弱。国家用奸民来治理善民，一定治理得好以至强盛。国家如果运用《诗》《书》、礼、乐、孝、悌、善、修来治理，敌人来了，国土一定被侵削；敌人不来，国家也一定贫困。国君如果不用这八样东西治理，敌人就不敢来，尽管来了，也一定被击退；出兵去征伐别国一定能取得胜利，取得的胜利果实一定能够保持住。按兵不动不去攻击别国，一定能够富足。国家重视实力，这就称为以耕战的优势攻击敌人；国家喜欢空谈，这就称为以不实的想法攻击敌人。国家用以耕战的优势攻击敌人，出一分力量就能得到十倍的利益；国家以不实的想法攻击敌人，出十分力量一定招来百倍的损失。

首先重视刑罚，其次推行奖赏，那么国君爱护民众，民众也会为国君拼命；首先重视奖赏而轻视刑罚，那么国君不爱护民众，因而民众也不会为国君拼命。兴盛的国家，实行刑罚，民众觉得有利而且害怕他；推行奖赏，民众觉得有利而且喜欢他。国家没有实力，而玩弄智谋和巧诈，一定灭亡。对胆小的民众，用刑罚来让他们作战，他们一定勇敢；对勇敢的民众，用奖赏来鼓励，他们一定为国君拼命。胆小的民众勇敢了，勇敢的民众愿为国君赴死，国家就所向无敌而强盛，强盛了，一定能统一天下。对于穷人，使用刑罚来役使他们农耕，他们就可以富裕；对于富人，用奖赏来激励他们拿粮食买官爵，他们就会穷困。治理国家能使穷人富裕，富人穷困，那么国家就会实力雄厚，实力雄厚就能统治天下。能够统治天下的国家，九分刑罚，一分奖赏；强大的国家，七分刑罚，三分奖赏；衰弱的国家，五分刑罚，五分奖赏。

国家专心于耕战一年，十年强大；专心于耕战十年，百年强大；专心于耕战百年，千年强大。保持千年强大的国家就能统一天下了。国家有威力，就能凭一分实力获得十分的利益，能以声威获得实效，所以能具有威势的国家，就可以统一天下。可以产生力量，而不能合理地使用力量的，就称为"自我损害"的国家，这样的国家一定被削弱。能够产生力量而且又能合理使用力量的，就称为有能力攻击敌人的国家，这样的国家一定强盛。所以治国要消除的蛊害，合理地使用力量搞生产，具有攻击敌人的战斗力。国家如果能够推行其中两项，放弃一项，就一定强盛。如果这三项都实行，国家就有了威势，必然能够统一天下。

在十个里范围内断定政事的，国家就衰弱；在五个里范围内断定政事的，国家就强大；当天的事当天办完的，国家就能称王天下；当天的事到夜里才办完的，国家还算强大；当天的事隔天才办好的，国家就会被削弱。

统计人口，活着的要登记，去世的要注销。这样民众就不能躲避赋税，田野也不会荒废，国家就能富足，国家富足了也就强大了。

用重罚来达到消除刑罚，国家就治理得好，用轻罚却带来更多的刑罚，国家就动乱，因此说，执行刑罚要对轻罪用重刑，这样，不用刑罚政事也能成功，国家就强大；假如对重罪用重刑，对轻罪用轻刑，这样尽管用了刑罚，犯法的事还会不断产生，国家一定被削弱。刑罚能够产生实力，实力能使国家强大，国家强盛就有威力，威力产生恩惠，所以恩惠来自实力。推崇实力以促成人们勇敢作战，作战来促使人们发挥智慧和计谋。

卖掉粮食，就得到金钱。花费金钱，就买来粮食。粮食贱，种地的人多，买粮的人少，农民就穷困，奸民就嚣张。这样，兵力就被削弱，国土也就一定被侵削以至亡国。有黄金一两运入国内，就有粮食十二石运到国外；有粮食十二石运入国内，就有黄金一两运到国外。国家喜好经商来得到金钱，那么金钱、粮食都要失去，粮仓、钱库都会空虚，国力也就衰弱。国家注重农业，在国内多生产粮食，那么金钱、粮食都能得到，粮仓、钱库都会盈满，国力就强盛。

使强大的国家应该知晓十三个数字：国内粮仓和钱库的数目，壮年男子和女子的数目，老人和小孩的数目，官吏、士人的数目，专靠言谈游说混饭吃的人的数目，农民的数目，马、牛和牲口饲料的数目。想要国力强盛而不知道国内这十三个数目，那么土地尽管好，民众尽管多，国力也会越来越弱，以至国土被侵占。

国内没有憎恨法治的民众的国家，就称为强国。兴兵讨伐敌国，根据军功大小给官爵，一定取得胜利。按兵不动，从事农业生产，根据捐献粮食多少给官爵，国家就富裕。兴兵讨伐就能战胜敌人，按兵不动国家就能富裕，这样就能称王天下。

商君书卷第二

说民　第五

辩慧，乱之赞也；礼乐，淫佚之征也；慈仁，过之母也①；任举，奸之鼠也。乱有赞则行，淫佚有征则用，过有母则生，奸有鼠则不止。八者有群，民胜其政。国无八者，政胜其民。民胜其政，国弱；政胜其民，兵强。故国有八者，上无以使守战，必削至亡。国无八者，上有以使守战，必兴至王。

用善，则民亲其亲；任奸，则民亲其制。合而复者，善也；别而规者，奸也。章善则过匿，任奸则罪诛。过匿，则民胜法；罪诛，则法胜民。民胜法，国乱；法胜民，兵强。故曰：以良民治，必乱至削；以奸民治，必治至强。

国以难攻，起一取十；国以易攻，出十亡百。国好力曰以难攻，国好言曰以易攻。民易为言，难为用。国法作民之所难，兵用民之所易，而以力攻者，起一得十；国法作民之所易，兵用民之所难，而以言攻者，出十亡百。

罚重，爵尊；赏轻，刑威。爵尊，上爱民；刑威，民死上。故兴国行罚，则民利；用赏，则上重。法详，则刑繁；刑繁，则刑省。民治则乱，乱而治之又乱。故治之于其治，则治；治之于其乱，则乱。民之情也治，其事也乱。故行刑，重其轻者，轻者不生，则重者无从至矣,此谓治之于其治者。行刑,重其重者,轻其轻者,轻者不止,则重者无从止矣,此谓治之于其乱也。故重轻,则刑去事成,国强;重重而轻轻,则刑至而事生,国削。

民勇,则赏之以其所欲;民怯,则杀之以其所恶。故怯民使之以刑,则勇;勇民使之以赏,则死。怯民勇,勇民死,国无敌者,必王。

民贫,则国弱;富,则淫。淫则有虱②,有虱则弱。故贫者益之以刑,则富;富者损之以赏,则贫。治国之举,贵令贫者富,富者贫。贫者富,国强;富者贫,三官无虱。国久强而无虱者,必王。

刑生力,力生强,强生威,威生德,德生于刑。故刑多,则赏重;赏少,则刑重。民之有欲有恶也,欲有六淫,恶有四难。从六淫,国弱;行四难,兵强。故王者刑于九而赏出一。刑于九,则六淫止;赏出一,则四难行。六淫止,则国无奸;四难行,则兵无敌。民之所欲万,而利之所出一。民非一,则无以致欲,故作一。作一,则力抟;力抟,则强。强而用,重强。故能生力能杀力,曰攻敌之国,必强。塞私道以穷其志,启一门以致其欲。使民必先行其所恶,然后致其所欲,故力多。力多而不用,则志穷;志穷,则有私;有私,则有弱。故能生力,不能杀力,曰自攻之国,必削。故曰:王者,国不蓄力,家不积粟。国不蓄力,下用也;家不积粟,上藏也。

国治:断家王,断官强,断君弱。重轻,刑去。常官,则治。省刑,要保,赏不可倍也。有奸必告之,则民断于心。上令而民知所以应,器成于家而行于官,则事断于家。故王者刑赏断于民心,器用断于家。治明,则同;治暗,则异。同则行,异则止。行则治,止则乱。治,则家断;乱,则君断。治国者贵下断,故以十里断者弱，以五里断者强。家断则有余，故曰：日治者王。官断则不足，故曰：夜治者强。君断则乱，故曰：宿治者削。故有道之国，治不听君，民不从官。

[注释]

①过之母也：错误的根源。

②淫则有虱：淫逸就会产生虱害。

[译文]

狡辩和卖弄聪明是动乱的帮凶，礼和乐是荒淫安乐的起因，慈善和仁爱是罪过的根源，包庇罪过和彼此吹捧是窝藏奸邪之处。动乱有帮凶就要流行，荒淫安乐有带头的就要泛滥，罪过有根源才会产生，奸邪有窝藏的地方就无从禁止。这八种坏东西集聚在一起，民众就会破坏法令；国家没有这八样坏东西，法令就可以压制民众。民众破坏了法令，国家就削弱；法令压制了民众，兵力就强盛。因此说，国家有这八样坏东西，国君就无法派人守土作战，国家一定被削弱甚至灭亡。国家没有这八样坏东西，国君就能够派人守土作战，一定兴旺直至统一天下。

运用善民治国，民众就会彼此包庇。运用奸民治国，民众就会遵循法制。民众互相掩饰罪过，就是治理善民的办法。分辨是非好坏互相监视，就是治理奸民的方法。倡导治理善民的办法，民众的罪恶就被掩盖；使用治理奸民的办法，民众的罪恶就遭到惩罚。罪恶被掩盖，民众就破坏法制；罪恶遭到惩罚，法制就可以压制民众。民众破坏法制，国家就乱；法制压制民众，兵力就强。因此说，用良民治国，国家一定混乱以至削弱；用奸民治国，国家一定治理得好以至强大。

国家用难以具备的东西（实力）去攻击其他国家，出一分力量就能获得十分效果；国家用容易具备的东西（言谈）去进攻其他国家，出十分力量却要带来百分损失。国家重视实力，就是用难以具备的东西去进攻其他国家；国家喜欢儒家的言谈，就是用容易具备的东西去进攻其他国家。民众容易学儒家的言论，而很难从事艰苦的农战。国家法令要成为民众难以违抗的，国家用兵便很容易，用实力去攻击，这样用一分力量便能够取得十分效果。国家法令要是鼓励民众空谈容易做的事，国家用兵时便会困难，就是靠言谈去攻击他国，这样拿出十分力量，却会带来百分损失。

刑罚重，才能体现爵位的高贵；奖赏少用，才显示刑罚有威严。爵位高贵，就是国君爱护民众；刑罚有威严，民众才能为国君拼命。因此兴旺的国家执行刑罚，对民众有利；施行奖赏，国君就受尊敬。法令繁杂，刑罚就用得多；法令简单，刑罚就用得少。民众经过一段时间的稳定还会乱，乱了以后还用导致混乱的方法去治理，就会更乱。因此，用能够获得安定的法治去治理，才能治理得好；用导致混乱的礼治去治理，结果会更乱。人之常情是但愿安定的，可是他们做的事情却常常出现混乱。因此执行刑罚要轻罪重判，轻罪就不会出现，重罪也无从出现，这就是用取得安定的方法进行治理。实行刑罚如果重罪重判，轻罪轻判，轻罪就会禁止不住，重罪也不能消除，这就是为用造成混乱的方法进行治理。因此，如果轻罪重判，刑罚就能够不用，政事就能成功，国家就能够强盛；如果重罪重判而轻罪轻判，刑罚不断使用，犯法的事还是不断产生，国家就会被削弱了。

民众勇敢，就把他们想要的东西奖赏他们；民众胆怯，就用他们讨厌的东西惩罚他们。因此，对胆怯的民众运用刑罚，他们就勇敢；

对勇敢的民众运用奖赏，他们就愿为国君效命。胆怯的民众勇敢，勇敢的民众肯为国君效命，国家就所向无敌，一定能统一天下。

民众贫穷，就会使国家衰弱，人们富裕了就会放纵自己，放纵就会产生虱害，有了虱害国家就衰弱。因此对穷人用刑罚迫使他们从事农战，增加他们的收入，他们就会富足；对富人用以粮食换取爵位的办法，消减他们的财富，他们就会贫困。治国的办法，贵在使穷人变富，使富人变穷。穷人变富，国家就会强大；富人变穷，农、商、官这三种职业中就不会出现虱害。国家会长久强盛；而且不会出现虱害，就一定统一天下。

刑罚产生实力，实力能使国家强大，国家强大就有威力，威力产生道德，可见道德产生于刑罚。因此刑罚多，就表示奖赏重；奖赏少，就表示刑罚重。民众有喜欢也有厌恶，喜欢的事中有"六淫"，厌恶的事中有"四难"。如果放任"六淫"，国家就削弱；如果实行"四难"，兵力就强大。因此能统一天下的人将刑罚施于农战之外的许多方面，而奖赏只出于农战这一条途径。将刑罚施于农战之外的许多方面，"六淫"就能够禁止；奖赏只来自农战这一条途径，"四难"就能够推行。"六淫"制止了，国家就没有奸邪；"四难"实行了，军队就天下无敌。民众的欲念很多，而利禄只来自农战这一条路。民众如果不从事农战，就不能实现自己的愿望，因此他们都专一于农战。民众专一农战，力量就集中，力量集中，国家就强大。国家强大而又合理使用力量，就更加强大。因此既能产生力量又能使用力量的国家，被称为有能力攻打敌人的国家，这样的国家一定强盛。堵塞人们在农战之外谋利的道路，来断绝他们谋私利的志向；只打开农战这一个道路，来满足人们的愿望；让他们一定先做他们所讨厌的，然后才获得他们所希望的，这样国家的实力就雄厚。实力雄厚而没地方运用，人们搞农战的志向就没有了；没有搞农战的志向就会出现私心，人们有了私心，国家就削弱。因此，只能产生力量而不能合理运用力量的国家，被称为自相损害的国家，这样的国家一定被削弱。因此说，能统治天下的国君，使国家不积存力量，家里不积存粮食。国家不积压力量，是叫民众为国君效命；家里不积存粮食，是把粮食存积到国家仓库去。

治理国家有几种情况：政事在家里就能决断的国家，能够统一天下；政事要由官吏决断的国家，还算强盛；政事都要由国君决断的国家，一定衰弱。轻罪重判，刑罚就能够不用；举用官吏有常规，国家就治理得好。要减省刑罚，就要使民众彼此担保，奖赏不能够失信。有了奸邪一定告发，那么，民众心里就有了判断好坏的标准了。国君有命令，民众知道如何执行，如同器物是在民众的家里做成的，却适合在官府里使用一样，这就是政事在家里决断。因此，能统一天下的国君，用刑行赏，能够在民众心里明确，好比怎样为官府造器物，能够在家里明确一样。法治搞得好就上下一心，法治搞得糟就上下背离。上下一心，政令就行得通；上下背离，政令就行不通。政令行得通的国家就管理得好，政令行不通的国家就有动乱。治理得好的国家能够在民众家里做决断，治理混乱的国家都要由国君决断政事。治理国家最好的是在民众中做决断，因此在十个里范围内决断政事的国家就削弱，在五个里范围内决断政事的国家就强大。在家里决断政事，办事很迅速，时间就有富余，因此说，当天就办好政事的国家能够统治天下。由官府断定政事，时间就不够，因此说，当天晚上办完政事的国家还算强大。都由国君决断政事，就忙乱不堪，因此说，耽搁一夜才办理政事的国家就一定衰弱。因此，治理得当的国家，治理用不着等候国君的命令，民众用不着依赖官吏的督促。

算地　第六

　　凡世主之患：用兵者不量力，治草莱者不度地。故有地狭而民众者，民胜其地；地广而民少者，地胜其民。民胜其地，务开；地胜其民者，事徕。开徕，则行倍。民过地，则国功寡而兵力少；地过民，则山泽财物不为用。夫弃天物遂民淫者，世主之务过也。而上下事之，故民众而兵弱，地大而力小。故为国任地者：山林居什一，薮泽①居什一，溪谷流水居什一，都市蹊道居什一，恶田居什二，良田居什四，此先王之正律也。故为国分田数：小亩五百，足待一役，此地不任也。方土百里，出战卒万人者，数小也。此其垦田足以食②其民，都邑遂路足以处其民，山林、薮泽、溪谷足以供其利，薮泽隄防足以畜。故兵出，粮给而财有余；兵休，民作而畜长足。此所谓任地待役之律也。

　　今世主有地方数千里，食不足以待役实仓，而兵为邻敌，臣故为世主患之。夫地大而不垦者，与无地同；民众而不用者，与无民同。故为国之数，务在垦草；用兵之道，务在壹赏。私利塞于外，则民务属于农；属于农，则朴；朴，则畏令。私赏禁于下，则民力抟于敌；抟于敌，则胜。奚以知其然也？夫民之情，朴则生劳而易力，穷则生知而权利。易力则轻死而乐用，权利则畏罚而易苦。易苦则地力尽，乐用则兵力尽。夫治国者，能尽地力而致民死者，名与利交至。

民之性：饥而求食，劳而求佚，苦则索乐，辱则求荣，此民之情也。民之求利，失礼之法；求名，失性之常。奚以论其然也？今夫盗贼上犯君上之所禁，而下失臣民之礼，故名辱而身危，犹不止者，利也。其上世之士，衣不煖肤，食不满肠，苦其志意，劳其四肢，伤其五脏，而益裕广耳，非生之常也，而为之者，名也。故曰：名利之所凑，则民道之。

主操名利之柄而能致功名者，数也。圣人审权以操柄，审数以使民。数者，臣主之术，而国之要也。故万乘失数而不危，臣主失术而不乱者，未之有也。今世主欲辟地治民而不审数，臣欲尽其事而不立术。故国有不服之民，主有不令之臣。故圣人之为国也，入令民以属农，出令民以计战。夫农，民之所苦；而战，民之所危也。犯其所苦，行其所危者，计也。故民生则计利，死则虑名。名利之所出，不可不审也。利出于地，则民尽力；名出于战，则民致死。入使民尽力，则草不荒；出使民致死，则胜敌。胜敌而草不荒，富强之功可坐而致也。

今则不然。世主之所以加务者，皆非国之急也。身有尧、舜之行，而功不及汤、武之略者，此执柄之罪也。臣请语其过：夫治国舍势而任谈说，则身修而功寡。故事《诗》、《书》谈说之士，则民游而轻其君；事处士，则民远而非其上；事勇士，则民竞而轻其禁；技艺之士用，则民剽而易徙；商贾之士佚且利，则民缘③而议其上。故五民加于国用，则田荒而兵弱。谈说之士资在于口，处士资在于意，勇士资在于气，技艺之士资在于手，商贾之士资在于身。故天下一宅，而圜身资。民资重于身，而偏托势于外。挟重资，归偏家，尧、舜之所难也。故汤、武禁之，则功立而名成。圣人非能以世之所易胜其所难也，必以其所难胜其所易。故民愚，则知可以胜之；世知，则力可以胜之。臣愚，则易力而难巧；世巧，则易知而难力。故神农教耕而王天下，师其知也；汤、武致强而征诸侯，服其力也。今世巧而民淫，方倣汤、武之时，而行神农之事，以随世禁。故千乘惑乱，此其所加务者，过也。

民之生：度而取长，称而取重，权而索利。明君慎观三者，则国治可立，而民能可得。国之所以求民者少，而民之所以避求者多。入使民属于农，出使民壹于战。故圣人之治也，多禁以止能，任力以穷诈。两者偏用，则境内之民壹；民壹，则农；农则朴；朴则安居而恶出。故圣人之为国也，民资藏于地，而偏托危于外。资藏于地则朴，托危于外则惑。民入则朴，出则惑，故其农勉而战戢也。民之农勉则资重，战戢则邻危。资重则不可负而逃，邻危则不归于外。无资归危外托，狂夫之所不为也。故圣人之为国也，观俗立法则治；察国事本则宜。不观时俗，不察国本，则其法立而民乱，事剧而功寡。此臣之所谓过也。

夫刑者，所以禁邪也；而赏者，所以助禁也。羞辱劳苦者，民之所恶也；显荣佚乐者，民之所务也。故其国刑不可恶，而爵禄不足务也，此亡国之兆也。刑人复漏，则小人辟淫而不苦刑，则徼倖于上以利求。显荣之门不一，则君子事势以成名。小人不避其禁，故刑烦。君子不设其令，则罚舛。刑烦而罚行者，国多奸。则富者不能守其财，而贫者不能事其业，田荒而国贫。田荒，则民诈生；国贫，则上匮赏。故圣人之为治也，刑人无国位，戮人无官任。刑人有列，则君子下其位；衣锦食肉，则小人冀其利。君子下其位，则羞功；小人冀其利，则伐奸。故刑戮者所以止奸也，而官爵者所以劝功也。今国立爵而民羞之，设刑而民乐之。此盖法术之患也。故君子操权一正以立术，立官贵爵以称之，论劳举功以任之。则是上下之称④平。上下之称平，则臣得尽其力，而主得专其柄。

[注释]

① 薮(sǒu)泽：指水少而草木茂盛的沼泽。
② 食(sì)：供养。
③ 缘：原意是绕着，引申为依附，依靠。
④ 称：同"秤"。

[译文]

　　一般国君的弊病是用兵打仗不估量兵力，开拓荒地不计算土地。有的国家土地狭小而人口很多，这是人多地少；有的国家土地辽阔而人口稀少，这是地多人少。人多地少的要努力开拓荒地，地多人少的要设法招徕劳动力。开拓荒地，生产将会成倍地增加。如果人多地少，国家的成就不大，兵力也会不够；如果地多人少，山泽的财力物力就不能得到充分利用。抛弃自然资源，放纵民众游荡，这是国君治理上的过错，现在从上到下都这样做，因此人口虽然多而兵力弱，尽管地大而国家实力小。所以，君主治理国家运用土地的比例应该是：山林占十分之一，沼泽湖泊占十分之一，河流占十分之一，城市、道路占十分之一，薄田占十分之二，良田占十分之四，这是前代帝王的明确规定。管理国家分配土地的数量，五百小亩打的粮食，足够给予一个战役，这样土地还没有充分运用。方圆百里的土地，出兵士一万人，这个数字也小了。这样的地区，开垦荒地能够使民众有充足的粮食，城镇道路能够满足民众居住和使用，山林、湖泽、河流足够民众使用，湖泽的堤坝能够充分蓄水。因此，打仗时，粮食富足而财力有余；不打仗时，人们耕种，粮食各类物资储备富足。这就是充分利用土地供给战争需要的原则。

如今的国君有方圆几千里的土地，但是粮食不能满足战争的需要，不能装满粮仓，而军队却与邻国为敌，因此我很替国君担心这件事。土地广阔而不去开拓，就跟没有土地一样；民众很多而不愿出力，就跟没有民众一样。因此治国的办法，在于尽力垦荒；用兵的原则，在于统一赏赐的标准。制止民众通过农战以外的途径获得私利，职业就都集中于农业，民众集中于农业就朴实，朴实就恐惧法令。制止臣下搞私人奖赏，就集中力量应付敌人，民众集中力量应付敌人就能取胜。如何知道是这样呢？一般说，人之常情是，朴实就可以勤劳并且愿意出力，贫穷就会动脑筋去衡量利害。愿意出力就不怕死而乐于被国君使用，权衡利害就害怕刑罚而愿意吃苦。人们愿意吃苦，地力就能充分发挥；乐于被国君使用，兵力就能充分发挥。治理国家的人，只要能充分发挥地力而且使民众拼命去干，名和利就都能得到了。

人的本质是：饿了就要吃饭，累了就要歇息，痛苦时求快乐，羞耻时求荣誉，这是人之常情。人为了求利，就不管礼法；为了求名，就背离常情。为何这样说呢？现在那些盗贼对上违反国君的禁令，对下背弃臣民的规矩，名声臭了，还有生命危险，然而还不罢休，是为了获利。古代那些士人，不穿暖，不吃饱，刻苦磨炼意志，常常劳累四肢，五脏都遭受损伤，却更加胸怀广阔，这不是人之常情，而所以这样做，是为了求名。因此说：哪里有名利，人们就到哪里去。

国君掌握着给人名利的权柄，而能使国家获得功名，这是治国的计谋。圣明的君主仔细考察权势的利害来掌控权柄，认真考察治国的策略来役使民众。所谓策略，就是君主做事的方法，治国的要旨。因此，有一万辆兵车的大国丧失了治国的策略而不危险，君主丧失了办事的方法而不混乱，那是从来没有的。如今的国君想开辟土地、治理民众，却不考察治国的谋略；臣子想尽力把政事办好，却不确立办事的方法。因此，国家就有不听从统治的民众，国君就有不接纳命令的臣子。圣明的君主管理国家，对内让民众都归附农业，对外让民众都算计战功。务农，民众以为是艰苦的；而打仗，民众以为是危险的。他们愿做自己认为是艰苦的事情，愿执行自己以为是危险的任务，这是经过算计的。民众活着的时候，要计算利益；对于死后，要思考名声。对于名利出自何处，不能不慎重考虑。利益来自土地，民众就尽力耕种；名声来自战争，民众就拼死打仗。对内让民众尽力耕种，田地就不会荒芜；对外让民众拼命打仗，就能战胜敌人。可以战胜敌人而田地又不荒芜，国家富强的局面就唾手可得了。

  如今却不是这样。国君特别尽力去做的事情，都不是国家的当务之急的事情。他们自身尽管有尧、舜的德行，但是功绩却不如汤、武，这是运用权力的过失。让我来说说他们的过错：治理国家如果放弃权势而任用喜欢空谈的人，那么，尽管国君德行高，业绩却不大。如果重用读《诗》《书》的空谈之人，民众就会游荡而看轻国君；重用隐士，民众就会远离并且诽谤国君；重用勇士，民众就会强横而轻视国君的法令；搞手艺的人受到重用，民众就会轻浮而随意搬迁；经商的人清闲而获利多，民众就会追从他们而且议论国君。这五种人受到国家的重用，就会使田地荒芜，兵力削弱。空谈之人的资本在于嘴，隐士的资本在于毅力，勇士的资本在于勇气，手艺人的资本在于手，商人的资本在于身。他们把天下视为自己的家，而把全身都视为是本钱。他们把身上的资本看得很重，全部投靠外方势力，带着许多本钱归附于权贵门下，这样的人是尧、舜都难理解的。因此汤、武制止这样做，结果立功成名。圣明的君主不能用人们轻易得到的东西胜过他们很难得到的东西；必定要用人们很难得到的东西胜过他们容易得到的东西。假如人们愚昧，用智慧能够取胜；世上的人有才智，用力量能够取胜。人们愚笨，就容易有力量而难以有技巧；世上的人灵敏，就容易有智慧而很难有力量。所以神农教人们耕种而治理了天下，人们是学他的智慧；汤、武使自己力量强盛而征服了诸侯，诸侯是投降于他们的力量。如今世上的人机巧而放荡，这正是应该仿效汤、武的时候，可是君主们却根据神农的方法办事，犯了治国的禁忌。所以，那些有一千辆兵车的国家都丧失方向而动乱。这是由于他们特别努力做的事情，都是错的。

人之常情是这样的：量东西选长的，称东西选重的，衡量利害选有利的。圣明的国君如果认真地看待这三者，国家的政权就能够巩固，民众的力量就能够使用。国家对民众的要求很少，而民众躲避国家要求的办法却很多。国君对内要求民众从事农业，对外要求民众专心于作战。因此，圣明的君主治国，多立法令来禁止恶行，利用力量来谨防奸诈。如果这两个办法都采用，在内民众就专一了。民众专一就务农，务农就淳朴，淳朴就安于故居而讨厌外出。所以圣明的君主治国，是使民众的财富来自土地，而少到外面去冒险。民众的财富来自土地就朴实，到外面去冒险就疑惑。因为人们安于故居就淳朴，外出冒险就疑惑，因此他们务农就积极，作战就力量集中。民众积极从事农业，财富就增多了；集中力量作战，相邻的敌国就危险了。财富增多，人们就无法带着它逃跑；邻国危险，人们就不会依附外方势力。放弃财富，逃到危险的地方，依靠外方势力，这是连疯汉也不愿干的。因此圣明的君主治国，考察风俗建立法制，管理就能搞好，研究国情抓住根本，措施就能合适。假如不考察当时的风俗，不研究国家的根本，那么，尽管制定了法律，民众还会动乱，尽管政事繁忙，成就还是很少。这就是我所说的过失。

  刑罚，是制止奸邪的；奖赏，是帮助刑罚的。羞愧、耻辱、劳累、痛苦，这是人们所讨厌的；显贵、荣耀、安逸、快乐，这是人们所追求的。如果一个国家的刑罚不可怕而官爵俸禄不值得追求，这就是亡国的预兆。应当受刑的人能够隐藏漏网，那么小人就会邪恶游荡而不畏惧刑罚，就会抱有犯了法也不受处罚的侥幸心理。人们能对国君抱着侥幸心理去追逐私利，获得显贵、荣耀并非只靠农战这唯一的途径，那么君子也要依赖权势巧取功名了。假如小人不怕犯法，用刑罚就较多；君子不实行法令，就要施行惩罚。惩罚名目繁多而又错乱，国家的坏人坏事自然就多了，这样，富人就不能保住他们的财产，穷人也不能从事他们的职业，就会使田地荒芜，国家贫穷。田地荒芜，就出现奸诈的民众；国家贫穷，国君就缺少财物来施行奖赏。因此圣明的君主治国，是使受过刑的人不能获得爵位，犯过罪的人不能获得官职。如果受过刑的人还能获得爵位，那么君子就会瞧不起自己的地位；犯过罪的人还穿得好、吃得好，小人就会贪求这样的好处。君子瞧不起自己的地位，就会把为国君立功视为耻辱；小人贪求这样的好处，就会夸耀坏人坏事。因此刑罚是用来禁止奸邪的，而官爵是用来激励人们立功的。如今国家设立官爵，民众却引以为耻，设置刑罚，民众却引以为乐，这是由于在法度方针上有弊病。因此，国君掌控权力，统一政令来制定策略；设置官职，授予爵位来与功劳相配；根据荣誉，根据功绩来使用官吏，这样，从上到下官爵与功劳就相配了。从上到下官爵与功劳相配，臣民就能全力发挥他们的力量，而国君也就能掌控大权了。

开塞　第七

天地设而民生之。当此之时也，民知其母而不知其父，其道亲亲而爱私。亲亲则别，爱私则险。民众，而以别险为务，则民乱。当此时也，民务胜而力征。务胜则争，力征则讼，讼而无正，则莫得其性也。故贤者立中正，设无私，而民说仁。当此时也，亲亲废，上贤立矣。凡仁者以爱利为务，而贤者以相出为道。民众而无制，久而相出为道，则有乱。故圣人承之，作为土地、货财、男女之分。分定而无制，不可，故立禁；禁立而莫之司①，不可，故立官；官设而莫之一，不可，故立君。既立君，则上贤废而贵贵立矣。然则上世亲亲而爱私，中世上贤而说仁，下世贵贵而尊官。上贤者以道相出也，而立君者使贤无用也。亲亲者以私为道也，而中正者使私无行也。此三者非事相反也，民道弊而所重易也，世事变而行道异也。

故曰：王道有绳。夫王道一端，而臣道亦一端，所道则异，而所绳则一也。故曰：民愚，则知可以王；世知，则力可以王。民愚，则力有余而知不足；世知，则巧有余而力不足。民之生：不知则学，力尽而服。故神农教耕而王天下，师其知也；汤、武致强而征诸侯，服其力也。夫民愚，不怀知而问；世知，无余力而服。故以知王天下者并刑②，以力征诸侯者退德。

圣人不法古，不修今。法古则后于时，修今则塞于势。周不法商，夏不法虞。三代异势，而皆可以王。故兴王有道，而持之异理。武王逆取而贵顺，争天下而上让。其取之以力，持之以义。今世强国事兼并，弱国务力守，上不及虞、夏之时，而下不脩汤、武。汤、武之道塞，故万乘莫不战，千乘莫不守。此道之塞久矣，而世主莫之能废也，故三代不四。非明主莫有能听也，今日愿启之以效。

古之民朴以厚，今之民巧以伪。故效于古者，先德而治；效于今者，前刑而法。此俗之所惑也。今世之所谓义者，将立民之所好，而废其所恶。此其所谓不义者，将立民之所恶，而废其所乐也。二者名贸实易，不可不察也。立民之所乐，则民伤其所恶；立民之所恶，则民安其所乐。何以知其然也？夫民忧则思，思则出度；乐则淫，淫则生佚。故以刑治，则民威；民威，则无奸；无奸，则民安其所乐。以义教，则民纵；民纵，则乱；乱，则民伤其所恶。吾所谓刑者，义之本也；而世所谓义者，暴之道也。夫正民者，以其所恶，必终其所好；以其所好，必败其所恶。

治国刑多而赏少。故王者刑九而赏一，削国赏九而刑一。夫过有厚薄，则刑有轻重；善有大小，则赏有多少。此二者，世之常用也。刑加于罪所终，则奸不去；赏施于民所义，则过不止。刑不能去奸而赏不能止过者，必乱。故王者刑用于将过，则大邪不生；赏施于告奸，则细过不失。治民能使大邪不生，细过不失，则国治。国治必强。一国行之，境内独治。二国行之，兵则少寝。天下之行，至德复立。此吾以杀刑之反于德而义合于暴也。

古者民藂生而群处，乱，故求有上也。然则天下之乐有上也，将以为治也。今有主而无法，其害与无主同；有法不胜其乱，与无法同。天下不安无君，而乐胜其法，则举世以为惑也。夫利天下之民者莫大于治，而治莫康③于立君。立君之道莫广于胜法，胜法之务莫急于去奸，去奸之本莫深于严刑。故王者以赏禁,以刑劝。求过不求善,藉刑以去刑。

[注释]

①司:掌管。
②并刑:摒弃刑罚。并,通"屏"。
③康:大。

[译文]

天地形成之后,人类就出现了。在那个时期,人们只知晓自己的母亲,不知晓自己的父亲。那时人们处世的原则是爱自己的亲人,贪求私利。爱自己的亲人,就要分别亲疏远近;贪求私利,就要侵犯别人。民众尽力区分亲疏,这就乱了。在这个时候,人们总是尽力压制对方,尽力争夺财物。尽力压制对方,就要争;尽力争夺财物,就要争吵。老是争吵而又不能得到公正的解决,人们就不能依据自己的理想生活。因此,贤者提出公正无私的意见,这样人们就愿意讲仁爱了。在这个时期,人们放下了爱自己亲人的思想,树立了推崇贤者的思想。讲仁爱的人,是把爱人、利人视为自己该做的事情;贤能的人,是把超过别人当作处世的原则。但是,百姓众多而没有制度限制,长期将推举贤人作为原则,社会还是混乱。于是圣人依照这种情况,规定了土地、财物、男女的名分。名分确定之后,没有确定的制度是不行的,因此制定了法令;法令制定了而没有人管理,还是不行,因此设置了官吏;官吏设立了而没有人统一指挥,还是不行,因此设立了国君。国君设立了,人们就丢弃了崇尚贤人的思想,而树立了注重权贵的思想。如此看来,上古时代,人们是只爱亲人,贪求私利的;中古时代,人们是重视贤人，喜欢仁爱的；近古时代，人们是看重权贵、尊崇官吏的。重视贤人，是以超过别人为原则；而设立国君，就使重视贤人的原则没有用了。只爱自己的亲人，是以自私为准则的；而倡导公正，就使自私的原则行不通了。这三个时候的情况，并非说做事情彼此相反，而是由于人们遵守的原则被破坏了，因而原来所看重的东西就改变了；形势变了，人们做事的方法也就不同了。

因此说：国君治国是有固定准则的。国君治国的手段是一个方面，臣子辅佐国君治国的手段是另一个方面，他们使用的方法不同，但所遵循的准则是相同的。因此说：民众愚昧，有智慧的人就能够统治天下；世人都有智慧，有力量的人就能够统治天下。民众愚昧，是力量有余而智慧不够；世人都有智慧，是灵巧有余而力量不够。人们的本性是，没有知识就要学习，力量用完了才肯屈服。因此神农教人们种田而统一了天下，是人们要学他的智慧。商汤、周武使国家强盛从而征服了诸侯，是诸侯屈服于他们的力量。世人无知，没有知识，就要向别人求教；世人有智慧，但是没有足够的力量，就得对别人屈服。因此，靠智慧统一天下的人废除刑罚，凭力量征服诸侯的人丢弃德政。

圣人既不仿效古人，也不拘守现状。仿效古人，就要落后于时代；据守现状，就会跟不上形势的发展。周并不仿效商，夏并不仿效虞舜，三代的形势不同，但是都能够统治好天下。因此，建立王业有固定的原则，而守住王业却另有一套方法。周武王造了殷纣王的反，获得政权，却又倡导顺从国君；用武力夺取天下，却又重视谦让。他获得政权用的是武力，维持政权却用的是礼和义。现在这个时代，强国在征战，弱国在竭力防守。从远的来看赶不上虞、夏时代，从近的来看也没有仿效汤、武的办法。由于汤、武的道路被阻塞了，因此有一万辆兵车的大国没有不出战的，有一千辆兵车的小国没有不防守的。汤、武的道路被阻塞已经很久，但是当代的国君没有谁能打通这条道路，因此在夏、商、周三代以后，没有出现第四个统一的朝代。不是圣明的国君，就听不进这些道理。如今我愿用历史上的政治业绩来说明这个道理。

古代的民众淳朴而厚道，现代的民众欺诈而虚伪。因此，在古代有效的方法，是把德教摆在首位，实行德治；如今有效的方法，则是把刑罚放在前面，推行法治，这一点是世人弄不明白的。如今人们所说的义，是指建立人们所喜欢的东西，废除人们所讨厌的东西。他们所说的不义，是指建立人们所讨厌的东西，废除人们所喜欢的东西。可见，义和不义，现在名实颠倒，这是不能不弄明白的。实际上，建立人们所喜欢的东西，结果人们要受害于他们所讨厌的东西；建立人们所讨厌的东西，结果人们却能享受到他们所喜欢的东西。怎样知道是这样呢？由于人们忧虑就会仔细思考，认真思考就会遵循法度；人们享乐就会游荡，游荡就会犯错误。因此用刑罚来治理，民众就畏惧，民众畏惧就不做犯法的事；没有犯法的事，民众才能享受他们所喜欢的东西。如果用"义"来教导民众，民众就会放任，民众放任就会作乱，民众作乱就会受害于他们所讨厌的东西。可见，我所说的刑罚，是义的实质；而世间所说的"义"，却是暴乱的来源。治理民众的人，如果用民众所讨厌的东西去治理，最终民众一定得到他们所喜好的东西；如果用民众喜欢的东西去治理，最终民众一定被他们所讨厌的东西伤害。

治理得好的国家，多用刑罚而少用赏赐，因此创立王业的国君，九分用刑，一分用赏；弱小的国家，九分用赏，一分用刑。过错有大有小，刑罚也就有轻有重；功绩有大有小，赏赐也就有多有少。这两种办法是世上常用的。如果刑罚用在犯了罪之后，奸邪就不能消除；

如果奖赏用在人们应当做的事情上,罪过就不能禁止。刑罚不能消除奸邪,奖赏不能禁止罪过,国家必定混乱。因此创立王业的人,把刑罚用在刚刚产生犯罪苗头的时候,大的奸邪才不会出现;把奖赏用在揭发坏人坏事的行为上,尽管细小的罪过也不会漏掉。统治民众能使大的奸邪不出现,细小的过错不漏掉,国家就能治理得好,国家治理得好就一定强盛。一国这样做,国家就安定;两国这样做,战争就能够慢慢停止;全部的国家都这样做,最高的道德就会重新建立起来。这就是我认为杀戮、刑罚可以合乎道德,而"义"反倒符合残暴的道理。

古代人们聚集在一起,一群一伙地生活,十分混乱,因此需要有个首领。如此看来,天下的人欢喜有首领,是为了求得安定。现在,有了国君却没有法令,它的害处和没有国君相同;有了法令却克制不了混乱,这和没有法令一样。天下人都不希望没有国君,然而却喜爱破坏他的法令,这是全部的人都感觉迷惑不解的。对天下的人有利的事情,没有比社会安稳更大的了;而要社会安定,没有比确立国君更好的了;确立国君的原则,没有比实行法治更重要的了;实行法治的任务,没有比制止奸邪更急迫的了;制止奸邪的根本,没有比严刑更彻底的了。因此统治天下的人,用奖赏来制止民众犯罪,用刑罚来劝导民众守法。只追究民众的过错,而不理会民众的善行,依靠刑罚来消灭刑罚。

商君书卷第三

壹言 第八

凡将立国,制度不可不察也,治法不可不慎也,国务不可不谨也,事本不可不抟也。制度时,则国俗可化,而民从制;治法明,则官无邪;国务壹,则民应用;事本抟,则民喜农而乐战。夫圣人之立法化俗,而使民朝夕从事于农也,不可不知也。夫民之从事死制也,以上之设荣名、置赏罚之明也,不用辩说私门而功立矣。故民之喜农而乐战也,见上之尊农战之士,而下辩说技艺之民,而贱游学之人也。故民壹务,其家必富,而身显于国。上开公利而塞私门,以致民力;私劳不显于国,私门不请于君。若此而功臣劝,则上令行而荒草辟,淫民止而奸无萌①。治国能抟民力而壹民务者,强;能事本而禁末者,富。

夫圣人之治国也,能抟力,能杀力。制度察则民力抟,抟而不化则不行,行而无富则生乱。故治国者,其抟力也,以富国强兵也;其杀力也,以事②敌劝民也。夫开而不塞,则短长;长而不攻,则有奸。塞而不开,则民浑;浑而不用,则力多;力多而不攻,则有虱。故抟力以壹务也,杀力以攻敌也。治国者贵民壹,民壹则朴,朴则农,农则易勤,勤则富。富者废之以爵,不淫;淫者废之以刑,而务农。故能抟力而不能用者必乱,能杀力而不能抟者必亡。故明君知齐③二者,其国强;不知齐二者,其国削。

夫民之不治者,君道卑也;法之不明者,君长乱也。故明君不道卑、不长乱也。秉权而立,垂法而治,以得奸于上,而官无不;赏罚断,而器用有度。若此,则国制明而民力竭,上爵尊而伦徒举。今世主皆欲治民,而助之以乱。非乐以为乱也,安其故而不窥于时也。是上法古而得其塞,下修今而不时移,而不明世俗之变,不察治民之情。故多赏以致刑,轻刑以去赏。夫上设刑而民不服,赏匮而奸益多。故民之于上也,先刑而后赏。故圣人之为国也,不法古不修今,因世而为之治,度俗而为之法。故法不察民之情而立之,则不成;治宜于时而行之,则不干。故圣王之治也,慎法、察务,归心于壹而已矣。

[注释]

①萌:产生。

②事:刺杀。

③齐(jì):"剂"的古字。即调剂,调和。

[译文]

凡是要建立国家,对于订立制度,不能不谨慎考虑;对于治国的政令,不能不谨慎对待;对于国家政务,不能不认真处理;对于根本大事,不能不集中力量。依照形势制定相应的制度,国家的旧风俗才能变化,民众才能遵循制度;治国的法令明确,官吏就不敢做邪恶的事;国家政务统一,民众才愿为国君效命;根本的大事集中力量,民众才喜爱从事农战。圣人建立法治,变化风俗,目的是使民众从事农耕,这是不能不搞明白的。民众愿去从事农耕,愿为国君效命,是因为国君设立的荣誉爵位、制定的赏罚制度都很明了,不用空谈、走私人门路就能立功。民众喜爱从事农战,是因为国君尊敬从事农战的人,看不起那些空谈的说客和从事手工业的人,轻视到处游说的人。这样,民众的职业就集中到农战上,他们的家就一定富裕,自己也有了荣耀和地位。国君开辟为公谋利的方式,阻塞私人的门路,争取民众的力量,使为私人效力的人在国家得不到荣耀,走私人门路的人也不能从国君那里得到好处。这样,功臣获得了鼓励,国君的命令就得到落实,荒地就能开垦,游荡的人就不会显现,奸邪的事就不会出现。治国的人能集中民众的力量,使民众专心农战,国家就能强大;能发展农业,制止商业、手工业的发展,国家就富足。

圣明的君主治理国家,可以聚集民众的力量,也可以使用民众的力量。制度明了,民众的力量就会聚集。民众的力量聚集了,不加以使用,农战就不能推行;农战推行了,民众不能得到利益,国家就要出乱子。因此治国的人,聚集民众的力量,是用以富国强兵;使用民众的力量,是激励民众对外作战。如果开了淫道而不加以阻塞,民众的儒家知识就增长。这些知识增长了而不受制止,就会出现奸邪。如果阻塞淫道而不去开辟,民众就淳朴。民众淳朴而不役使,力量就强大。民众的力量强大,而不去攻击敌国,就会出现奸邪和虱害。因此聚集民众的力量在于专一从事农战;使用民众的力量在于攻击敌国。治国的人看重民众专一,民众专一就淳朴,淳朴就务农,务农就变得勤劳,勤劳就能富足。治理国家,对于富人,要用捐爵位的方法削减他们的财富,他们才不会游荡;对于游荡的人,要用刑罚的手段禁止他们,他们才愿务农。因此,如果只能聚集民众的力量而不能使用它,国家必定混乱;假如只能使用民众的力量而不能聚集它,国家必定灭亡。明智的国君懂得调剂这两个方面,国家就强盛,不然国家就被削弱。

民众不服从统治,是因为国君的治国方法错误。法令不明了,是因为国君滋长乱事。因此，明智的国君不采取错误的治国方法，不滋长乱事。掌握大权而处于君位，发布法令而进行统治，这样，国君在上能逮到奸人，因而官吏没有不严格执法，使用器物也有固定的尺度。这样，国家的制度就明了，民众就肯为国君效力，朝廷的爵位就显得高贵，各种人物就都会振奋起来。如今的国君，都想统治好民众，但是却反而滋长民众作乱，这并不是他们愿意把事情搞乱，而是由于他们固守旧的治国方法，不去顺应时代的需要。这样上而仿效古代是行不通的，下而固守现状也是赶不上时代需要的。他们不知道世俗的变化，不考察统治民众的实际情况，因而滥施赏赐，却造成使用刑罚；减轻刑罚，却使奖赏不起作用。这样，国君尽管设立了刑罚，但是民众并不听从；用尽了奖赏，奸人反而更多。所以国君对于民众，要把刑罚放在第一位，把奖赏放在第二位。因此，圣明的君主治国，既不仿效古代，也不固守现状，而是按照时代的需要进行治理，考察风俗设立法制。如果法制不考察民众的情况而建立，就不能成功。如果治国适合形势的需要而进行，就不会受到干扰。所以圣明的君主治国，不过是谨慎考察时务，使民众都专一于农战罢了。

错法 第九

臣闻：古之明君，错法而民无邪；举事①而材自练；赏行而兵强。此三者治之本也。夫错法而民无邪者，法明而民利之也。举事而材自练者，功分明；功分明则民尽力，民尽力，则材自练。行赏而兵强者，爵禄之谓也。爵禄者，兵之实也。是故人君之出爵禄也，道明。道明，则国日强；道幽，则国日削。故爵禄之所道，存亡之机也。夫削国亡主，非无爵禄也，其所道过也。三王五霸，其所道不过爵禄，而功相万者，其所道明也。是以明君之使其臣也，用必出于其劳，赏必加于其功。功赏明，则民竞于功。为国而能使其民尽力以竞于功，则兵必强矣。

同列而相臣妾者，贫富之谓也；同实而相并兼者，强弱之谓也；有地而君或强或弱者，乱治之谓也。苟有道，里地足容身，士民可致也；苟容市井，财货可聚也。有土者不可以言贫，有民者不可以言弱。地诚任，不患无财；民诚用，不畏强暴。德明教行，则能以民之有为己用矣。故明主者，用非其有，使非其民。明主之所贵，惟爵其实而荣显之。不荣则民不急。列位不显，则民不事爵。爵易得也，则民不贵上爵。列爵禄赏不道其门，则民不以死争位矣。人生而有好恶，故民可治也。人君不可以不审好恶。好恶者，赏罚之本也。夫人情好爵禄而恶刑罚，人君设二者以御②民之志，而立所欲焉。夫民力尽而爵随之；功立而赏随之。人君能使其民信于此如明日月，则兵无敌矣。

人君有爵行而兵弱者，有禄行而国贫者，有法立而治乱者，此三者，国之患也。故人君者先便辟请谒，而后功力，则爵行而兵弱矣。民不死犯难，而利禄可致也，则禄行而国贫矣。法无度数，而事日烦，则法立而治乱矣。是以明君之使其民也，使必尽力以规其功，功立而富贵随之，无私德也，故教化成。如此，则臣忠君明，治著而兵强矣。

故凡明君之治也，任其力不任其德。是以不忧不劳而功可立也。度数已立，而法可修。故人君者不可不慎己也。夫离朱见秋豪百步之外，而不能以明目易人；乌获举千钧之重，而不能以多力易人。夫圣人之存体性③，不可以易人。然而功可得者，法之谓也。

[注释]

①举事：行事。

②御：控制。

③体性：秉性。

[译文]

我听说：古代的明君实行法度，民众就没有邪恶；兴办事业，人才就得到造就；推行赏罚，兵力就会强盛。这三者是治国的根本。推行法度而民众没有邪恶，是因为法度明确，便于民众遵守。兴办事业而造就的人才干练，是由于功绩大小分明。功绩大小分明，民众就能为国君效力。民众效力，人才就能造就出来。推行奖赏而兵力强大，是由于有官爵俸禄，爵禄是兵力强大的根本。因此，国君赐予爵禄时，规则要正确。规则正确，国家就日渐强大；规则不正确，国家就日渐削弱。由此可见，赐予爵禄的规则，是国家存亡的关键。那些衰弱的国家和亡国的国君并非没有爵禄，而是奖赏赐禄的规则错误。三王五霸遵循的规则也不过是用爵禄来赏赐，然而，业绩却比别的国君大万倍，这是由于他们奖赏的规则正确。因此，明君使用他的臣民，任用他们一定是由于他们肯效力，奖赏他们一定基于他们的功绩。按功行赏明了，民众就会争先立功。治理国家，能使民众效力去争着立功，兵力就必定强大。

地位相等的人，有的却沦为奴婢，是由于贫富不同；土地和人口大致相同的国家，有的却被兼并了，是由于强弱不同；同样拥有土地、当国君，却有强有弱，是由于治理得好坏不同。假如治有办法，尽管只有容身之地，也能够招来有学识的老百姓；假如有做买卖的地方，就能够得到很多财富。因此，有土地的人就不该说穷，有民众的人就不该说弱。只要土地合理利用了，就不用担心没有财富；只要民众肯为国君效力，就不用害怕强暴的敌人。国君德高望重，教令又能够实行，就能将民力为自己所用了。因此，贤明的国君能利用不属于他的东西，能役使不属于他的民众。贤明的国君所重视的是，只把爵位赐予有真实功绩的人，使这些人荣耀、尊贵。如果不荣耀，民众就不急于得到爵位；如果不尊贵，民众就不去追逐爵位。如果爵位容易获得，民众就不注重国君所赐予的爵位。爵位俸禄的奖赏不经由立功这条途径，那么，民众就不会以命去争爵位了。人生来就有喜欢和厌恶，所以能够利用它来治理民众。国君不能不谨慎考察人的喜好和厌恶。人的喜好和厌恶，是推行赏罚的依据。人的常情是喜欢爵禄而厌恶刑罚，国君就用爵禄和刑罚来限制民众的志向，树立他们喜欢的东西。民众尽了力，紧接着就赐予爵禄，立了功，紧跟着就给予奖赏。国君要是能使民众信任这一点就像相信光明的太阳和月亮一样，那么，军队就会天下无敌了。

有的国君以爵位奖赏，兵力还是衰弱；以俸禄奖赏，国家还是贫穷；设置了法制，统治还是混乱。这三种情况是国家的灾难。如果国君只注重宠臣的请托而轻视民众的功劳，那么，尽管以爵位行赏，而兵力还是虚弱；如果民众不用冒生命的危险去作战，也能够得到利禄，那么，尽管以俸禄赏赐，国家还是贫穷；假如法制没有标准，政事越来越杂乱，那么，尽管立了法，统治还是混乱。

因此，明君役使他的民众，是使他们必定要尽力谋求立功，立了功，紧跟着就获得富贵，不凭私人的恩德推行奖赏，这样，教化才有效果。照这样做，就会臣下效忠，国君圣明，治理成效显著而兵力强盛。因此，明君治理国家，任用尽心于农战的人而不任用有"德行"的人。这样，就能够不用担忧，不用费力，而建立功业了。只要标准设立了，法令就能够使人遵循，所以国君不可不谨慎对待自己。离朱能见到百步之外的秋毫，但不能把这样好的眼力给予别人；乌获能举起千钧的重物，但不可把这样大的气力给予别人。同样，圣人特有的贤能，也不能给予别人。但是，他却能建立功业，是因为有法。

战法 第十

凡战法必本于政。政胜①，则其民不争。不争，则无以私意，以上为意。故王者之政，使民怯于邑斗，而勇于寇战。民习以力攻难，难故轻死。

见敌如溃，溃而不止，则免。故兵法："大战胜，逐北无过十里。小战胜，逐北无过五里。"

兵起而程敌。政不若者，勿与战；食不若者，勿与久；敌众勿为客；敌尽不如，击之勿疑。故曰：兵大律②在谨，论敌察众，则胜负可先知也。

王者之兵，胜而不骄，败而不怨。胜而不骄者，术明也；败而不怨者，知所失也。

若敌强兵弱，将贤则胜，将不如则败。若其政出庙算者，将贤亦胜，将不如亦胜。持胜术者，必强至王。若民服而听上，则国富而兵胜。行是久，必王。

其过失，无敌深入，俏险绝塞。民倦且饥渴，而复遇疾，此败道也。故将使民者，若乘良马者，不可不齐也。

[注释]

①政胜：政令能压服民众。

②大律：重要的法则。

[译文]

一般来说，战争的原则，最基本的是要搞好政治。政治搞得好，民众就不彼此争斗。民众不彼此争斗，就不会按个人的意志做事，而以国君的意志为意志。因此统一天下的国君，他的政治是使民众不敢参与地方上的私斗，却能够和敌人勇敢战斗。民众习惯于奋力攻击敌人坚固的阵地，因此就不怕死。

如果见到敌人像河水决堤一样逃跑，就不要去追逐。因此兵法说："大战获胜了，追逐溃败的敌人不要超过十里；小战胜利了，追逐溃败的敌人不要超过五里。"

兴兵打仗，一开始就要权衡敌方的力量。政治上比不上敌方时，就不要同他作战；粮食不比敌方充足，就不要同他长久相持；敌众我寡，就不要去攻击；敌方一切都比不上我方，就要毫不犹豫地攻击。因此说：用兵的根本原则在于谨慎。研究敌情，研究各种因素，那么战争的胜负预先就能够估计到了。

能统治天下的国君，他的军队打了胜仗不骄傲，打了败仗不埋怨。打了胜仗不骄傲，是由于政治上的方法正确得当；打了败仗不埋怨，是因为懂得自己失败的原因。

如果敌强我弱，将领善于用兵就会胜利，将领比不上敌方就要失败。假如朝廷善于制定战术，那么将领善于用兵会胜利，将领比不上敌方也能胜利。在政治上能够长久掌握正确方法的国家，一定能够强盛以至统一天下。如果民众服从法制而又相信国君，国家就会富裕，战争就会胜利，照这样做下去，就一定统一天下。

战争中的失误,在于轻视敌人,冒险深入险地。士兵疲惫,又饿又渴,再加上疾病流行,这就是通向失败的道路。因此将领带兵,就像驾驭好马一样,不可不关注调剂它的力量。

立本　第十一

凡用兵，胜有三等：若兵未起则错法；错法而俗成；俗成而用具。此三者必行于境内，而后兵可出也。行三者，有二势：一曰辅法而法行，二曰举必得而法立。故恃其众者，谓之葺；恃其备饰者，谓之巧；恃誉目①者，谓之诈。此三者恃一，因其兵可禽也。故曰：强者必刚斗其意，斗则力尽，力尽则备，是故无敌于海内。治行则货积；货积则赏能重矣。赏壹则爵尊；爵尊则赏能利矣。故曰：兵生于治而异；俗生于法而万转②；过势本于心而饰于备势。三者有论，故强可立也。是以强者必治，治者必强；富者必治，治者必富；强者必富，富者必强。故曰：治强之道三，论其本也。

[注释]

①誉目：好名声。
②万转：不断变化。

[译文]

一般来说，用兵作战要获得胜利，有三个步骤：兴兵作战之前，要实行法制；实行法制，就能形成积极从事农战的风气；形成这种风气，就能使战争的器用准备齐备。这三个步骤一定要在国内实行，然后才能够出兵打仗。推行这三个步骤，要有两个条件：第一是国君辅助法令，从而使法令贯彻落实；第二是国君做事得体，从而使法令确立。如果只是依靠兵士多，那就是用茅草盖房子，不顶用。如果只是依靠作战的装备好看而不实用，那就是取巧；如果只是依靠虚张声势遮人耳目，那就是诈骗。这三者，国君只要依靠其中之一，打起仗来士兵就要被敌人俘虏。因此说：强国一定要坚定民众的斗志，民众有斗志就会全力以赴地作战，全力以赴地作战就具有必胜的条件，这样就无敌于天下了。国家实行法治，财富就积累得多，财富积累得多，赏赐才能丰厚。赏赐只给立战功的人，爵位就显得高贵；爵位高贵，奖赏才能起作用。因此说：兵力产生于政治，伴随政治的好坏而有强弱的区别；风俗产生于法制，伴随法制的改变而有多种变化；压倒敌人的形势扎根在心中，而有了必胜的态势。对这三个方面都有深刻的了解，就能够拥有强大的军事力量了。因此，强兵必须推行法制，推行法制就能强兵；富国必须推行法制，推行法制就能富国；强兵必能富国，富国必能强兵。因此说：治国和强兵的道理，全是要从政治这个根本上来考虑的。

兵守　第十二

四战之国贵守战，负海之国贵攻战。四战之国好兴兵以距四邻者，国危。四邻之国一兴事，而己四兴军，故曰国危。四战之国，不能以万室之邑舍钜万①之军者，其国危。故曰：四战之国务在守战。

守有城之邑，不如以死人之力与客生力战，其城拔。若死人之力也，客不尽夷城，客无从入，此谓以死人之力与客生力战。城尽夷，客若有从入，则客必罢，中人必佚矣。以佚力与罢力战，此谓以生人力与客死力战。皆曰："围城之患，患无不尽死。"而亡此二者，非患不足，将之过也。

守城之道，盛力②也。故曰客治簿檄，三军之多，分以客之候车之数。三军：壮男为一军，壮女为一军，男女之老弱者为一军，此之谓三军也。壮男之军，使盛食、厉兵，陈而待敌。壮女之军，使盛食、负垒，陈而待令。客至而作土以为险阻及阱格。发梁撤屋，给徙，徙之；不洽而，燸之，使客无得以助攻备。老弱之军，使牧牛马羊彘，草木之可食者收而食之，以获其壮男女之食。而慎使三军无相过③。壮男过壮女之军，则男贵女，而奸民有纵谋，而国亡；喜与，其恐有蚤闻，勇民不战。壮男壮女过老弱之军，则老使壮悲，弱使强怜；悲怜在心则使勇民更虑，而怯民不战。故曰：慎使三军无相过。此盛力之道。

[注释]

①钜万：形容为数极多。钜：通"巨"。

②盛力：增强力量。

③过：往来。

[译文]

四面与他国接壤的国家要重视防守，背靠大海的国家要重视进攻。四面与他国接壤的国家，如果喜爱出兵与四边邻国为敌，这个国家就危险了。因为四周的邻国一起挑起战争，自己就得四面出兵，因此说这个国家危险。四面与他国接壤的国家，假如不能以有万户居民的城镇来驻扎上万人的守军，这个国家就危险了。因此说：四面与他国接壤的国家要特别重视防守。

固守有城墙的城镇，如果不知道用军民的拼死力量与敌军的有生力量战斗，这个城就会被攻破。如果发挥军民的拼死力量，敌人不把城墙完全攻破就不能进来，这就称为以军民的拼死力量与敌人的有生力量战斗。假如城墙都被攻破，敌人能够进来，也必定疲劳不堪，而城里的守卫者却必定得到休整。用养精蓄锐的力量，与疲惫劳困的力量战斗，这就称为以我方的有生力量与敌方疲惫的力量作战。人们都说，围攻对方的城镇，怕的是对方全体守军没有一个人不豁出命来守卫它。如果不是这两种情况，其病不在于实力不够，而在于将官的失误。

守城的原则，是增加战斗力。因此，如果敌人来犯，就要立刻整理军册，发出征召文书。三军人数很多，要根据敌人前哨兵车的多少分兵迎敌。三军是：壮年男子为一军，壮年女子为一军，年老体衰之人为一军，这就称为三军。壮男的一军，要让他们吃饱，磨快兵器，摆开阵势，准备迎敌。壮女的一军，要让她们吃饱，固守战垒，摆好阵势，等候命令；敌人来了，就挖土修阻碍工事，挖陷阱，卸下房梁，拆卸房子；材料来得及运走的就运入城里，来不及运走的就烧毁，使敌人捞不到一点儿协助他们攻城的物资。老弱的一军，要让他们放牧牛、马、羊、猪，把草木中能够吃的，收集起来，好为壮男壮女军队供给食物。还要严格制止三军互相往来。因为，如果壮男到壮女军中，男子就会珍爱女子，坏人就有实施阴谋的机会，这样国家就要覆灭。而且男女喜欢在一起，害怕发生战争，这样勇敢的人也都不愿作战了。如果壮男壮女来到老弱的军中，老人会使壮年人感到伤心，弱者会引起强者的怜悯；心中有了伤心和怜悯，就使得勇敢的人斗志涣散，胆小的人不愿作战了。因此说，要严格制止三军互相往来。这是增强战斗力的办法。

靳令　第十三

靳令^①，则治不留；法平，则吏无奸。法已定矣，不以善言害法。任功，则民少言；任善，则民多言。行治曲断^②，以五里断者王，以十里断者强，宿治者削。以刑治，以赏战，求过不求善。故法立而不革，则显。民变诛，计变诛止。贵齐殊使，百都之尊爵厚禄以自伐。国无奸民，则都无奸市。物多末众，农弛奸胜，则国必削。民有余粮，使民以粟出官爵，官爵必以其力，则农不怠。四寸之管无当，必不满也。授官、予爵、出禄不以功，是无当也。

国贫而务战，毒生于敌，无六虱，必强；国富而不战，偷生于内，有六虱，必弱。国以功授官予爵，此谓以盛知谋，以盛勇战。以盛知谋，以盛勇战，其国必无敌。国以功授官予爵，则治省言寡，此谓以治去治，以言去言。国以六虱授官予爵，则治烦言生，此谓以治致治，以言致言。则君务于说言，官乱于治邪，邪臣有得志，有功者日退，此谓失。守十者乱，守壹者治。治已定矣，而好用六虱者亡。民毕农，则国富。六虱不用，则兵民毕竞劝而乐为主用，其竟内之民争以为荣，莫以为辱。其次，为赏劝罚沮。其下，民恶之、忧之、羞之。修容而以言，耻食以上交，以避农战，外交以备，国之危也。有饥寒死亡，不为利禄之故战，此亡国之俗也。

六虱：曰礼、乐，曰《诗》、《书》，曰修善，曰孝弟，曰诚信，曰贞廉，曰仁、义，曰非兵，曰羞战。国有十二者，上无使农战，必贫至削。十二者成群，此谓君之治不胜其臣，官之治不胜其民，此谓六虱胜其政也。十二者成朴③，必削。是故，兴国不用十二者，故其国多力，而天下莫能犯也。兵出，必取；取，必能有之。按兵而不攻，必富。朝廷之吏，少者不毁也，多者不损也。效功而取官爵，虽有辩言，不能以相先也，此谓以数治。以力攻者，出一取十；以言攻者，出十亡百。国好力，此谓以难攻；国好言，此谓以易攻。

重刑少赏，上爱民，民死赏。重赏轻刑，上不爱民，民不死赏。利出一空者④其国无敌，利出二空者国半利，利出十空者其国不守。重刑，明大制；不明者，六虱也。六虱成群，则民不用。是故，兴国罚行则民亲；赏行则民利。行罚，重其轻者，轻者不至，重者不来。此谓以刑去刑，刑去事成。罪重刑轻，刑至事生。此谓以刑致刑，其国必削。

圣君知物之要，故其治民有至要，故执赏罚以辅壹教。仁者，心之续也。圣君之治人也，必得其心，故能用其力。力生强，强生威，威生德，德生于力。圣君独有之，故能述仁义于天下。

[注释]

①靳令：即严格执行法令。

②曲断：指由下层决断公事。曲，乡曲。

③成朴：有了根基。

④一空：即一孔。指一个渠道，一个途径。

[译文]

严格执行君主的法令，办理政事就不会耽搁时间；法令公正，官吏就不敢为非作歹。法令已经制定了，就不要被伪善的说教破坏。使用在农战中有功的人，人们就轻视儒家的言论；使用伪善的人、人们就热衷于空谈。处置政事，各个方面都要做出快速的决断，在五里范围内做出决断的就能称王，在十里范围内做出决断的就能强大，而拖了一夜才办理政事的就要衰弱。国君要用刑罚进行统治，用奖赏激励人们从事农战；只追究人们的过失，而不重视人们有什么善行。法令制定了就不改变，那么法度便彰显了。民众能明察惩罚的条例，惩罚就能够停止使用。这样一来，贵族和平民就会分别听从国君的使用。各个地区都重视爵位，国君就能用厚禄激励臣民立功。假如国家没有奸诈的人，各地就没有搞复辟阴谋的地方。如果产品多，从事商业、手工业的人也多，农业就会荒芜，奸民就会嚣张，这样的国家一定被削弱。民众有余粮，就让他们拿粮食交换官爵。官爵必须靠努力务农才能获得，这样农民就不会懒惰。四寸长的管子如果没有底，必定是装不满的。国家授官职、封爵位、给俸禄，假如不按照功绩大小，也就跟没有底的管子一样了。

国家虽然贫穷，但只要努力从事农战，对国家有害的事就会在敌国，国内没有"六虱"，就必定强盛；国家虽然富足，但不从事农战，国内出现苟且偷安的行为，有"六虱"，就必定衰弱。国家依据人们在农战中的功劳授予官爵，这就是鼓励为国家出谋献策，鼓励为国家勇敢作战。人们出谋献策和勇敢作战，国家就一定天下无敌。国家根据人们在农战中的功劳授予官爵，政事就精简，空谈的影响就少，这就称为用法治代替礼治，用法家的言论代替儒家的言论。国家以"六虱"为标准授予官爵，政事就杂乱，空谈就会泛滥，这就称为法治被礼治所代替，法家的言论被儒家的言论所代替。这样，国君就被五花八门的游说弄晕了，官吏就被政治上的邪门歪道搞乱了。邪恶的官吏渐渐神气起来，而有功绩的人逐渐被排挤，这便是政治上的过失。国家墨守仁义思想治国就会混乱，国家坚持农战就管理得好。法令已经制定了，国家却重用吹嘘"六虱"的人，那就要覆灭。人们选择职业时都去务农，国家就富裕；国家不用"六虱"，兵民就都会彼此鼓励，乐意为国君效劳。最好的情形是，国内的人都以为争着从事农战是光荣的，没有人认为这样做是可耻的。稍坏的情况是，国君能够用奖赏鼓励人们立功，用刑罚禁止人们犯法。最坏的情况是，人们对从事农战感到讨厌，感到忧虑，感到不光彩。他们梳妆打扮去四处游说混饭吃，去结交上层贵族，以此来躲避农战，并且还勾结别的诸侯国来危害国家，这样，国家就危险了。有人宁愿饿死冻死，也不愿意为了利禄去作战，这是亡国的风气。

所谓"六虱"，即礼、乐；《诗》《书》；修善，孝悌；忠信，贞廉；仁义；非兵，羞战。国家有了这些坏东西，国君就不能使民众从事农战，因而一定贫困以至被削弱。这些坏东西集中了，就称为国君统治不了臣民，官吏治理不了百姓。这就称为"六虱"的力量败坏了国家的政事。这些坏东西到处泛滥，国家一定被削弱。兴盛的国家不要这些坏东西统治，因此实力雄厚，天下的诸侯都不敢冒犯。他如果出兵，一定取得战果，取得的战果一定能保持；如果按兵不动，不去攻打别国，一定富足。朝廷的官吏，遭到别人诽谤的不要破坏法制排斥他们，遭到别人吹捧的也不要损害法制提升他们。人们为国家效力立功才得到官爵，尽管有的人能说会道，也不能因而受到优待。这就称为用"术"来统治。靠实力攻击别国，能够得到十倍的利益，靠言谈攻击别国，就会招致十倍的损失。国家注重实力，这便是用难以得到的东西进攻敌人；国家喜欢空谈，这便是用容易得到的东西进攻敌人。

刑罚重而奖赏的方式少，这是国君爱护民众，民众也肯为获得奖赏不惜生命；奖赏的方式多而刑罚轻，这是国君不爱护民众，民众也就不会为得到奖赏而拼命。利禄来自农战这唯一的方式，这样的国家就会无敌于天下；利禄来自两个途径，这样的国家只能获得一半的好处；利禄出自十个途径，这样的国家就保不住了。利用重刑才能严明根本的法制，法制不严明，是因为有"六虱"的影响。"六虱"成群，民众就不为国家效力。因此兴旺的国家执行刑罚，民众反而亲附国君；实行奖赏，民众就获得利益。执行刑罚有两种情形：一种是轻罪重判，另一种是重罪轻判。如果罪行轻刑罚重，那么轻罪就不会出现，重罪也不会出现，这就称为用刑罚来消除刑罚，不用刑罚，大业也可成。假如罪行重而刑罚轻，那么尽管用了刑罚，犯法的事还会不断出现，这就称为用了刑罚反而带来更多的刑罚，这样的国家一定被削弱。

圣明的国君知道事物的要旨，因此统治民众能抓住关键。执行赏罚推行农战来帮助道德建立，这是圣明的国君治国思想的延伸。圣明的国君治理民众，必定获得民心，这样才能使用民众的力量。实力能使国家强大，国家强大就有威力，威力产生道德，因此道德来自实力。上面说的这些，只有圣明的国君才明白，因此能够把仁义推行于天下。

修权　第十四

　　国之所以治者三：一曰法，二曰信，三曰权。法者，君臣之所共操也；信者，君臣之所共立也；权者，君之所独制也。人主失守则危。君臣释法任私，必乱。故立法明分，而不以私害法，则治。权制独断于君则威。民信其赏，则事功成；信其刑，则奸无端。惟明主爱权重信，而不以私害法。故上多惠言而不克其赏，则下不用；数加严令而不致其刑，则民傲死[①]。凡赏者，文也；刑者，武也。文武者，法之约也。故明主任法。明主不蔽之谓明，不欺之谓察。故赏厚而信，刑重而威必。不失疏远，不违亲近。故臣不蔽主，而下不欺上。

　　世之为治者，多释法而任私议，此国之所以乱也。先王县权衡，立尺寸，而至今法之，其分明也。夫释权衡而断轻重，废尺寸而意长短，虽察，商贾不用，为其不必也。故法者，国之权衡也。夫倍法度而任私议，皆不知类者也。不以法论知、罢、贤、不肖者，惟尧，而世不尽为尧。是故先王知自议誉私之不可任也，故立法明分，中程者赏之，毁公者诛之。赏诛之法不失其议，故民不争。授官予爵不以其劳，则忠臣不进；行赏赋禄不称其功，则战士不用。

　　凡人臣之事君也，多以主所好事君。君好法，则臣以法事君；君好言，则臣以言事君。君好法，则端直之士在前；君好言，则毁誉之臣在侧。公私之分明，则小人不疾贤，而不肖者不妒功。故尧、舜之位天下也，非私天下之利也，为天下位天下也。论贤举能而传焉，非疏父子亲越人也②，明于治乱之道也。故三王以义亲天下，五霸以法正诸侯，皆非私天下之利也，为天下治天下。是故擅其名而有其功，天下乐其政，而莫之能伤也。今乱世之君臣，区区然皆擅一国之利而管一官之重，以便其私，此国之所以危也。故公私之交，存亡之本也。

夫废法度而好私议，则奸臣鬻权以约禄③，秩官之吏隐下而渔民。谚曰："蠹众而木析；隙大而墙坏。"故大臣争于私而不顾其民，则下离上。下离上者，国之隙也。秩官之吏隐下以渔百姓，此民之蠹也。故有隙、蠹而不亡者，天下鲜矣。是故明王任法去私，而国无隙、蠹矣。

[注释]

① 傲死：倨傲而不畏死。
② 越人：外人。
③ 约禄：求取俸禄。

[译文]

国家管理得好，需要具有三个要素：一是法令，二是信用，三是权力。法令，是君臣一起执行的；信用，是君臣一起树立的；权力，是国君单独掌控的。国君如果失去权力，就很危险。君臣如果丢弃法令，只顾私利，国家就必定混乱。因此制定法令，明确是非界限，而不以私利危害法令，国家就管理得好；大权由国君独揽，就有威望。民众信任国君的奖赏，功业就能成功；信任国君的刑罚，奸邪就无法产生。只有英明的国君才珍惜权力，注重信用，而不以私利损害法令。国君如果光说封官而不实行奖赏，臣民就不愿效力；如果一再发布严格的禁令而不实行刑罚，民众对死罪就毫不在意。奖赏，是文的一手；刑罚，是武的一手；这一文一武，是法治的纲领。因此，英明的国君实行法治。国君不受人欺骗，称为明辨是非；不被人欺骗，这称为了解下情。因此奖赏要厚而且一定要兑现，刑罚要重而且一定要执行；推行奖赏时既不遗漏疏远的，也不包庇亲近的。这样，臣子就不敢欺骗国君，下级也就不敢欺瞒上级了。

世间的统治者，大多放弃法制而相信私人议论，这是国家混乱的根源。古代的帝王制定秤和尺，流传到现在还在使用，是由于它们的度量明确。如果不用秤而判断轻重，不用尺而测量长短，即使也能够分辨，商人也不会使用这种办法，由于它不精确。法制就是国家的秤和尺。背离法制而听信私人议论，都是不知道按类推理的方法。不用法令制度做标准就能判断人的智慧、才智、贤与不贤的，只有尧一个人，但是世上的人不可能全是尧。古代的帝王知道，私自议论、彼此吹捧的人，是不能任用的，所以设置法令制度，分清界限，符合章程的就奖赏，危害公利的就惩罚。奖赏和惩罚的办法，不背离合理的制度，民众没有争辩。如果授官职和爵位不依照功劳的多少，忠臣就得不到激励了；如果给奖赏和俸禄与战功的大小不相符，士兵就不愿效力了。

一般来说，臣子侍奉国君，大都是根据国君的爱好。国君爱好法制，臣子就以法制侍奉他；国君喜欢美言，臣子就以美言侍奉他。国君喜欢法制，正直的人就会显现在他面前；国君喜欢美言，搬弄是非、彼此吹捧的人就围着他转。公私界限明确，小人就不嫉妒贤人，没才能的人也不妒忌有功的人。尧、舜居天子之位，并非为了把天下的利益据为己有，而是为了天下的人而统治天下；选举贤能的人，而把天下传给他们，并不是疏远自己的儿子，亲近外人，而是懂得治和乱的道理。

三王用道义爱护天下的人，五霸靠法制管制诸侯，也都不是为了霸占天下的利益，而是为了天下的人而统治天下。所以他们获得独有的美誉，而且建立了功绩；天下的人都喜欢他们掌政，而没有人能够危害他们。如今乱世的君臣，都很渺小地满足于霸占一个国家的利益，掌管一个官职的权力，从而实现自己的私利，这是国家危亡的原因。因此公私的界限，是国家存亡的根本。

国君消除法制而喜爱私议，奸臣就会出卖国君的权力来贪求财利，一般的官吏就会掩盖下情，残害百姓。谚语说："蠹虫多了树木就会折断，裂缝大了墙壁就会坍塌。"大臣只顾夺取私利而不顾百姓，百姓与国君就会离心离德。百姓与国君离心离德，就是国家的"裂缝"。平常的官吏掩盖下情，残害百姓，就是民众的"蛀虫"。国家有了"裂缝"和"蛀虫"而不覆灭的，天下少见。因此，英明的国君要认真实行法制，而抛开私人议论，这样国家就没有"裂缝"和"蛀虫"了。

商君书卷第四

徕民 第十五

地方百里者，山陵处什一，薮泽处什一，溪谷流水处什一，都邑蹊道处什一，恶田处什二，良田处什四，以此食作夫①五万。其山陵、薮泽、溪谷可以给其材，都邑蹊道足以处其民，先王制土分民之律也。

今秦之地方千里者五，而谷土不能处二，田数不满百万，其薮泽、溪谷、名山、大川之材物货宝又不尽为用，此人不称土也。秦之所与邻者三晋也；所欲用兵者，韩、魏也。彼土狭而民众，其宅参居②而并处。其寡萌贾息民，上无通名，下无田宅，而恃奸务末作以处。人之复阴阳泽水者过半。此其土之不足以生其民也，似有过秦民之不足以实其土也。意民之情，其所欲者田宅也。而晋之无有也信，秦之有余也必。如此而民不西者，秦士戚而民苦也。臣窃以王吏之明为过见。此其所以不夺三晋民者，爱爵而重复也。其说曰："三晋之所以弱者，其民务乐而复爵轻也。秦之所以强者，其民务苦而复爵重也。今多爵而久复，是释秦之所以强，而为三晋之所以弱也。"此王吏重爵、爱复之说也，而臣窃以为不然。夫所以为苦民而强兵者，将以攻敌而成所欲也。兵法曰："敌弱而兵强。"此言不失吾所以攻，而敌失其所守也。今三晋不胜秦，四世矣。自魏襄以来，野战不胜，守城必拔，小大之战，三晋之所亡于秦者，不可胜数也。若此而不服，秦能取其地，而不能夺其民也。

今王发明惠，诸侯之士来归义者，今使复之三世，无知军事。秦四竟之内陵阪丘隰，不起十年征，者于律也。足以造作夫百万。曩者臣言曰："意民之情，其所欲者田宅也，晋之无有也信，秦之有余也必。若此而民不西者，秦士戚而民苦也。"今利其田宅，而复之三世，此必与其所欲而不使行其所恶也。然则山东之民无不西者矣，且赘之谓也。不然，夫实圹虚，出天宝，而百万事本，其所益多也，其徒不失其所以攻乎？

夫秦之所患者，兴兵而伐，则国家贫；安居而农，则敌得休息。此王所不能两成也。故三世战胜，而天下不服。今以故秦事敌，而使新民作本，兵虽百宿于外，竟内不失须臾之时，此富强两成之效也。臣之所谓兵者，非谓悉兴尽起也，论③竟内所能给军卒车骑。令故秦兵事兵，新民给刍食。天下有不服之国，则王以此春违其农，夏食其食，秋取其刈，冬冻其葆，以《大武》摇其本，以《广文》安其嗣。王行此，十年之内，诸侯将无异民，而王何为爱爵而重复乎？

周军之胜，华军之胜，秦斩首而东之。东之无益，亦明矣，而吏犹以为大功，为其损敌也。今以草茅之地，徕三晋之民而使之事本，此其损敌也，与战胜同实。而秦得以为粟，此反行两登之计也。且周军之胜、华军之胜、长平之胜，秦所亡民者几何？民客之兵不得事本者几何？臣窃以为不可数矣。假使王之群臣，有能用之，费此之半，弱晋强秦，若三战之胜者，王必加大赏焉。今臣之所言，民无一日之繇，官无数钱之费，其弱晋强秦，有过三战之胜，而王犹以为不可，则臣愚不能知已。

齐人有东郭敞者，犹多愿，愿有万金。其徒请赒焉④，不与，曰："吾将以求封也。"其徒怒而去之宋。曰："此爱于无也，故不如以先与之有也。"今晋有民，而秦爱其复，此爱非其有以失其有也，岂异东郭敞之爱非其有以亡其徒乎？且古有尧、舜，当时而见称；中世有汤、武，在位而民服。此四王者万世之所称也，以为圣王也，然其道犹不能取用于后。今复之三世，而三晋之民可尽也。是非王贤立今时，而使后世为王用乎？然则非圣别说，而听圣人难也。

[注释]

① 作夫：耕作之夫，指农民。
② 参居：杂乱地居住在一起。参：杂乱。
③ 论：察，指调查。
④ 赒(zhōu)：同"济"，救济他人。

[译文]

在土地范围百里之内，山岭占国土的十分之一，湖泽占十分之一，溪谷河流占国土的十分之一，城镇、乡村、道路占国土的十分之一，薄田占十分之二，良田占国土的十分之四，这样的地方，能够养活五万个农夫。这些山岭、湖泽、溪谷河流能够出产人们需要的资源，城镇、村庄、道路能够供给人们居住和交通，这是古代帝王规划土地、分配人口的原则。

如今秦国的土地有五个方圆千里，而耕种了的土地不到十分之二，田亩数还不到百万，湖泽、溪谷、名山、大川的资源财富又没有完全利用，这便是稀少的人口与广阔的土地不相符。秦国的邻居，是从晋国分出来的韩、赵、魏三国；秦国用兵的对手，是韩国和魏国。这些国家土地面积狭小而人口众多，住所杂乱而拥挤。民众上不能经商获利，下没有土地和住所，全靠从事不合适的职业谋生，有一半以上的人是在山前山后和湖泽河流边上潮湿的地方穴居。这些都表明他们地少人多，土地不能养活民众，好像比秦国的民众不能充分利用秦国土地的程度还厉害。思虑民众的心理，他们想要的是土地和住房，这些东西，对三晋来说，的确是没有的，对秦来说，又一定是有余的。尽管如此，晋的民众还是不愿西来秦国，是因为秦国的上层人士太忧愁而民众又太辛苦。我个人以为，国君的官吏的高明是错误的见解。为何秦国力量薄弱而不能将三晋的民众夺取过来，正是由于吝惜爵位和过分注重免租免役。他们说："三晋所以弱，是由于民众追求享乐，国家又随便给民众免租免役，随便给人爵位。秦国所以强，是由于民众可以吃苦，国家又不随便给人免租免役，不随便给人爵位。现在，如果我们也多给人爵位，延续免租免役的期限，这就是丧失使秦国强大的原则，而去做使三晋削弱的事情。"这就是国君的官吏太过重视爵位，吝惜免租免役的说法。我个人以为这种说法不对。我们之所以叫民众吃苦来加强兵力，为的是攻击敌人，满足自己的愿望。兵法说："敌国兵力弱了，我们的兵力就强了。"这正是说我们没有丧失进攻的力量，而敌人却丧失了自卫的力量。现在，三晋打不过秦国，已经四代了。自魏襄王以来，他们野战打不赢，守城一定被攻破，经过大大小小的战争，三晋丧失给秦国的土地和其他东西，数也数不清。虽然这样，三晋还不屈服，这是由于秦国只能获得他们的土地，而不能夺取他们的人民。

现在大王发布优惠政策，凡是各诸侯国的民众来投奔我们，就让他们三代都免去徭役，不用参与战争。秦国境内，凡是山坡、丘陵、洼地，十年不收赋税，把这些都写在法律上。这就足以召集百万从事劳动的人了。前面我讲过："思虑民众的心理，他们想要的是土地和房屋；

这些东西,对三晋来说,的确是没有的,对秦来说,又一定是有余的。尽管这样,三晋的民众还是不愿西来秦国,是因为秦国的上层人士太忧愁而民众又太辛苦。"现在,给他们好的土地和住宅,让他们三代免租免役,这就是给他们想要获得的东西,而不让他们去做他们讨厌的事情。这样,崤山以东的民众,就没有不到西面来的了。这些全是向国君说的真话。其实,事情还不只是这样。充实了田野上空虚的地方,开发了自然的财物,增加了百万从事农业生产的劳动力,这样做的益处很多,难道仅仅是不会丧失进攻的力量这一点吗?

秦国所忧虑的是,兴兵攻打敌人,国家就穷;安居而务农,敌人就获得休息。这是国君所不能两全其美的事。因此,从前四代都打胜仗,还是无法使天下屈服。现在用秦国原来的民众对付敌人,用新带来的民众专门务农,那么军队尽管在外边住宿一百天,国内却一点儿也不误农时,这就取得富和强的双重成效。我所说的军队,并非是把一切人力全部动用起来,而是依照国内力所能及的情况,提供士兵、车辆和马匹,让秦国原来的民众当兵,让新招来的民众供给粮草。天下如果有不听从的诸侯国,就在春天出兵去扰乱他们的农耕,夏天去吃他们的食物,秋天去夺占他们收割的庄稼,冬天去冻住他们的粮食。用强大的武力去动摇他们的基础,以宽厚的奖赏去抚慰他们的后代。国君只要这样做下去,十年之内,诸侯各国的民众就没有一个不作为秦国的民众了。既然如此,国君为何还要吝惜官爵和重视免除徭役呢?

消灭东周的那次胜仗,攻占华阳的那次胜仗,秦国都是斩敌人的头颅而向东进军的。这样向东进军没有好处已经是很显然的了,然而官吏们还认为这是大功,因为危害了敌国。现在,利用长荒草的土地,招徕三晋的民众,让他们从事农耕,这样做对敌人的危害和打胜仗对敌人的损害一样。何况，秦国还能生产粮食，这正好是既从事农耕、又赢取战争的两全计谋啊！还有，灭周的胜仗，华阳的胜仗，还有长平的胜仗，秦国战死的人有多少？秦国原来的、新来的民众当了兵不可从事农耕的又有多少？我个人认为是数不胜数的。如果国君的官吏用这些人力、物力的一半，就能削弱三晋，壮大秦国，战果就相当于那三次战争的胜利一样，国君必定大加赏赐。如今我所说的办法，民众不需要增加一天的徭役，官府不需要增添任何的费用，但是削弱三晋，壮大秦国，成效都超过那三次战争的胜利。而国君还以为不行，这真是我愚蠢对此不能理解了。

齐国有个叫东郭敞的，他有太多愿望，想要有万镒黄金。他的徒弟向他请求救助，他不给，他说："我打算拿这些钱去弄个官爵呢！"他的徒弟气冲冲地离开他到宋国去了。人们说："他这样吝惜还没得到的东西，还不如先把已经有的钱给徒弟几个呢。"如今三晋有的是民众，而秦国却舍不得免租免役，这正是爱惜自己还没有的，以致丧失了自己所拥有的。这和东郭敞爱惜他还没有的东西而丧失了徒弟，有何不同呢？古代有尧、舜，是在当时被人称赞的；中古有汤、武，是身在君位而能被民众相信的。这四个帝王，万世都称赞，被世人视作圣王。但是他们的治国方法还是不能被后世采用。现在只要实行免去三代的徭役，就能够使三晋的民众都变为秦国的民众。这不就是由于国君今天的英明，使三晋的后代子孙都能为国君尽力吗？可见，不是圣人的主张特别，而是听信圣人的教导很难啊。

刑约　第十六

（商鞅著作经历千年的流传，几经失佚，又一次次被后人辑佚保存，流传到今天，刑约一篇已无从辑佚，故只存题目，以待考古者发现。）

赏刑 第十七

圣人之为国也，壹赏，壹刑，壹教。壹赏，则兵无敌；壹刑，则令行；壹教，则下听上。夫明赏[①]不费，明刑不戮，明教不变，而民知于民务，国无异俗。明赏之尤至于无赏也，明刑之尤至于无刑也，明教之尤至于无教也。

所谓壹赏者，利禄官爵抟出于兵，无有异施[②]也。夫固知愚、贵贱、勇怯、贤不肖，皆尽其胸臆之知，竭其股肱之力，出死而为上用也。天下豪杰贤良从之如流水。是故兵无敌而令行于天下。万乘之国不敢苏其兵中原，千乘之国不敢捍城。万乘之国，若有苏其兵中原者，战将覆其军；千乘之国，若有捍城者，攻将凌[③]其城。战必覆人之军，攻必凌人之城，尽城而有之，尽宾而致之。虽厚庆赏，何费匮之有矣？昔汤封于赞茅，文王封于岐周，方百里。汤与桀战于鸣条之野，武王与纣战于牧野之中，大破九军，卒裂土封诸侯。士卒坐陈者，里有书社。车休息不乘，从马华山之阳，从牛于农泽，从之老而不收。此汤、武之赏也。故曰：赞茅、岐周之粟，以赏天下之人，不人得一升；以其钱赏天下之人，不人得一钱。故曰：百里之君而封侯其臣，大其旧；自士卒坐陈者，里有书社。赏之所加，宽于牛马者，何也？善因天下之货，以赏天下之人。故曰：明赏不费。汤、武既破桀、纣，海内无害，天下大定。筑五库，藏五兵，偃武事，行文教。倒载干戈，搢笏，作为乐以申其德。当此时也，赏禄不行，而民整齐。故曰：明赏之犹至于无赏也。

所谓壹刑者，刑无等级，自卿相、将军以至大夫、庶人，有不从王令、犯国禁、乱上制者，罪死不赦。有功于前，有败于后，不为损刑。有善于前，有过于后，不为亏法。忠臣孝子有过，必以其数断。守法守职之吏有不行王法者，罪死不赦，刑及三族。同官之人，知而讦④之上者，自免于罪，无贵贱，尸袭其官长之官爵田禄。故曰：重刑，连其罪，则民不敢试。民不敢试，故无刑也。夫先王之禁，刺杀，断人之足，黥人之面，非求伤民也，以禁奸止过也。故禁奸止过，莫若重刑。刑重而必得，则民不敢试，故国无刑民。国无刑民，故曰：明刑不戮。晋文公将欲明刑以亲百姓，于是合诸卿大夫于侍千宫，颠颉后至，吏请其罪，君曰："用事焉。"吏遂断颠颉之脊以殉。晋国之士，稽焉皆惧，曰："颠颉之有宠也，断以殉，况于我乎！"举兵伐曹、五鹿，又反郑之埤，东卫之亩，胜荆人于城濮。三军之士，止之如斩足，行之如流水。三军之士，无敢犯禁者。故一假道重轻于颠颉之脊，而晋国治。昔者，周公旦杀管叔、流霍叔，曰："犯禁者也。"天下众皆曰："亲昆弟有过不违，而况疏远乎！"故天下知用刀锯于周庭，而海内治。故曰：明刑之犹至于无刑也。

所谓壹教者，博闻、辩慧、信廉、礼乐、修行、群党、任誉、请谒，不可以富贵，不可以辟刑，不可独立私议以陈其上。坚者被，锐者挫。虽曰圣知、巧佞、厚朴，则不能以非功罔上利。然富贵之门，要存战而已矣。彼能战者，践富贵之门。强梗焉，有常刑而不赦。是父兄、昆弟、知识、婚姻、合同者，皆曰："务之所加，存战而已矣。"夫故当壮者务于战，老弱者务于守，死者不悔，生者务劝，此臣之所谓壹教也。民之欲富贵也，共阖棺而后止。而富贵之门必出于兵，是故民闻战而相贺也，起居饮食所歌谣者，战也。此臣之所谓明教之犹至于无教也。

此臣所谓参教也。圣人非能通，知万物之要也。故其治国举要以致万物，故寡教而多功。圣人治国也，易知而难行也。是故圣人不必加，凡主不必废；杀人不为暴，赏人不为仁者，国法明也。圣人以功授官予爵，故贤者不忧。圣人不宥过，不赦刑，故奸无起。圣人治国也，审壹而已矣。

[注释]

①明赏：公正高明的奖赏。

②异施：不同的恩惠。施，恩惠。

③凌：登上。

④讦（jié）：揭发。

[译文]

圣明的君主治理国家，要统一奖赏、统一刑罚、统一教导。奖赏统一，军队就天下无敌；刑罚统一，政令就能实行；教化统一，臣民就听从国君。奖赏合适，并不浪费财物；刑罚严明，就不用杀人；教化明确，就不会出现变乱。这样，民众就懂得自己该做的事情，国家就没有不好的风俗。奖赏得当，就能够达到不用奖赏的境界；刑罚严明，就能够达到不用刑罚的境界；教化非常明确，就能够达到不用教化的境界。

统一奖赏，就是利禄、官爵只赐予有军功的人，而不赐予其他人。所以不管聪明的、愚蠢的、尊贵的、卑贱的、勇敢的、胆怯的、有才能的、没有才能的人，都献出全部智慧，竭尽全身的力气，拼命为国君效力。普天下才能杰出的人，像流水一样跟随国君，因此，军队所向无敌，政令能实行于天下。这样，有一万辆兵车的大国，害怕进兵中原；而有一千辆兵车的小国，不敢守城抵制。有万辆兵车的国家，假如敢向中原进军，一作战就会全军覆没。有千辆兵车的小国，假如敢守城抵制，一攻占就能占领他的城池。交战必能消灭敌人的军队，进攻必能攻占敌人的城池，敌国全部的城都占领了，敌国的所有人都屈服了，那么，尽管大搞庆功奖赏，哪里会缺少财物呢？从前，商汤受封于赞茅，周文王受封于岐周，国土都只有方圆百里。后来，商汤和夏桀在鸣条的郊野作战，周武王和商纣王在牧野一带作战，把桀、纣及其诸侯的军队打得大败；最后，分割土地，分封诸侯。作战的士兵打完仗回到家乡，奖励他们一定的田地；把兵车收起来不再使用，把马放到华山南面，把牛放到水草茂盛的地方，直到老死，不再使用。这就是汤、武的奖赏。假如用赞茅、岐周的粮食赏赐天下的人，每人得不到一升；用赞茅、岐周的钱奖励天下的人，每人不能得到一个钱。因此说，汤、武原本是只有方圆百里国土的国君，却能封他们的大臣为诸侯，而且诸侯的封地比他们自己原本的国土还大；凡是参战的士兵，打完仗返回家乡，都赏赐一定的田地；奖赏的范围，甚至放宽到牛马上。为何能这样呢？由于他们善于运用天下的财物，来奖赏天下的人。因此说：奖赏得当，并不花费财物。商汤、周武王打败桀、纣之后，国内没有灾害，天下十分安定。于是修建各种仓库，收藏各种兵器，禁止军事行动，推行文教，各种兵器很久不用，贵族士大夫都作歌作曲来称颂汤、武的功绩。这时，不必再用奖赏，民众也很有秩序，安分守己。因此说，奖赏得当，就能达到不用赏赐的境界了。

统一刑罚，从卿相、将军到大夫、百姓，凡是不听从国君命令、违反国家禁令、破坏国家制度的，都判处死刑，决不免除。之前立过战功，以后打了败仗的，也不能减轻刑罚。之前做过好事，后来又有过错的，也不能破坏法制。忠臣孝子有过错，也必须按情节轻重处罚。管理法令、担任职务的官吏，有不执行国君法令的，判处死刑，决不免除，他的三族也要一起受刑。周围的人，如果告发官吏的过错，不但自己能够免罪，而且不分贵贱，都能够接替他的官职、爵位、土地和俸禄。因此说，使用重刑和推行连坐法，人们就不敢犯法了。人们不敢犯法，就能够不用刑罚了。之前的国君的刑罚，杀头、砍腿或者脸上刺字，并非为了伤害人，而是为了制止奸邪、防止犯罪。所以制止奸邪、防止犯罪，没有比重刑更有效的了。刑罚重，并且坚定执行，人们就不敢犯法，这样，国内就没有受刑的人了。国内没有受刑的人，这称为刑罚严明，就不用杀人。晋文公想严明刑罚来使老百姓归附，因此召集诸侯大夫到侍千宫，大夫颠颉来晚了，请求处罚。晋文公说："依照法令执行吧！"因此官吏马上腰斩颠颉示众。晋国的人都害怕地谈论说："颠颉是国君的宠臣，还被腰斩示众，何况我们呢！"后来晋文公出兵攻击曹国和卫国的五鹿城，拆卸了郑国城墙上的护墙，把卫国的田垄变为东西向，在城濮战胜了楚国的军队。晋国三军将士，如果要求他们停止，就像被砍断了双脚那样一动不动，如果要求他们前进，就像流水那样一泻千里。三军将士，没有一个敢违背命令。因此，这一次借助把重刑加在犯轻罪的颠颉身上，使晋国获得了治理。从前周公旦杀了管叔，放逐了霍叔，并宣布："他们是违背禁令的。"天下的人都说："连亲兄弟有了罪都不能不处置，何况关系疏远的人！""因此，天下的人都懂得刑罚用到了周朝宫廷之内，从而使国内获得了治理。因此说：刑罚严明，就能够达到不用刑罚的境界。

统一教导，就是对那些炫耀博闻、辩慧，吹嘘信廉、礼乐、修行的人，对那些结党营私，彼此包庇、吹捧，搬弄是非的人，不可给他们富贵，不准他们讨论刑罚，不准他们单独搞一套谬论上奏国君。对顽固的人要打击，对嚣张的人要挫伤。尽管是所谓非常聪明、能说会道、忠厚淳朴的人，也不能没有功业而骗取国君的利禄。富贵之门，只为参战立功的人打开。那些勇敢战斗的人，才能进入富贵的大门。对拒不守法的人，要按规定的刑罚惩办，决不免除。因此父子、兄弟、朋友、亲戚、志同道合的人都说："我们要尽力做的事情，就只有战斗啊！"所以，年轻力壮的人积极参战，年老体衰的人努力防守，战死了也不懊悔，活着的就互相勉励，这就是所谓统一教化。人们贪求富贵，都是到死才罢休；但是获得富贵的门路，又唯有打仗立功这一条。因此，人们听见要打仗就互相庆贺，起居、饮食，从早到晚，说的、唱的都是战斗的事。这就是我所说的教化十分明确，就能够达到不用教化的境界。

上面就是我所说的三教。圣明的君主并不能够知道一切事物，而是能掌握一切事物的要旨。因此，他治理国家，是抓住要旨来掌握一切事物。因此，只要推行三教，就能获得很大的功效。圣明的君主治国的方法，知道是容易的，推行就困难了。因此，圣明的君主不必在三教之外另有增加，平凡的国君也不要对三教有所废止。杀人不算残暴，赏人也不算仁爱，这是因为国家的法制做了明了的规定。圣明的君主按照人们的战功赐予官职和爵位，因此有才能的人不用担忧；圣明的君主不宽容人们的过错，不免除人们应受的刑罚，所以奸邪的人不能出现。由此可见，圣明的君主治理国家，只要认真考虑如何推行统一赏赐、统一刑罚、统一教化就行了。

画策　第十八

昔者昊英之世，以伐木杀兽，人民少而木兽多。黄帝之世，不麛不卵，官无供备之民，死不得用椁。事不同皆王者，时异也。神农之世，男耕而食，妇织而衣，刑政不用而治，甲兵不起而王。神农既没，以强胜弱，以众暴寡。故黄帝作为君臣上下之义，父子兄弟之礼，夫妇妃匹之合。内行刀锯，外用甲兵，故时变也。由此观之，神农非高于黄帝也，然其名尊者，以适于时也。故以战去战，虽战可也；以杀去杀，虽杀可也；以刑去刑，虽重刑可也。

昔之能制天下者，必先制其民者也；能胜强敌者，必先胜其民者也。故胜民之本在制民，若冶于金，陶于土也。本不坚，则民如飞鸟禽兽，其孰能制之？民本，法也。故善治者，塞民①以法，而名地作矣。名尊地广以至王者，何故？战胜者也。名卑地削以至于亡者，何故？战罢②者也。不胜而王，不败而亡者，自古及今，未尝有也。民勇者，战胜；民不勇者，战败。能壹民于战者，民勇；不能壹民于战者，民不勇。圣王见王之致于兵也，故举国而责之于兵。入其国，观其治，兵用者强。奚以知民之见用者也？民之见战也，如饿狼之见肉，则民用矣。凡战者，民之所恶也。能使民乐战者，王。强国之民，父遗其子，兄遗其弟，妻遗其夫，皆曰："不得，无返。"又曰："失法离令，若死我死，乡治之。行间③无所逃，迁徙无所入。"行间之治，连以五，辨之以章，束之以令，拙无所处，罢无所生。是以三军之众，从令如流，死而不旋踵。

国之乱也，非其法乱也，非法不用也。国皆有法，而无使法必行之法。国皆有禁奸邪刑盗贼之法，而无使奸邪盗贼必得之法。为奸邪盗贼者死刑，而奸邪盗贼不止者，不必得也。必得，而尚有奸邪盗贼者，刑轻也。刑轻者，不得诛也。必得者，刑者众也。故善治者，刑不善，而不赏善，故不刑而民善。不刑而民善，刑重也。刑重者，民不敢犯，故无刑也。而民莫敢为非，是一国皆善也。故不赏善而民善。赏善之不可也，犹赏不盗。故善治者，使跖可信，而况伯夷乎？不能治者，使伯夷可疑，而况跖乎？势不能为奸，虽跖可信也；势得为奸，虽伯夷可疑也。

国或重治，或重乱。明主在上，所举必贤，则法可在贤。法可在贤，则法在下，不肖不敢为非，是谓重治。不明主在上，所举必不肖。国无明法，不肖者敢为非，是谓重乱。兵或重强，或重弱。民固欲战，又不得不战，是谓重强。民固不欲战，又得无战，是谓重弱。

明主不滥富贵其臣。所谓富者，非粟米珠玉也？所谓贵者，非爵位官职也？废法作私，爵禄之，富贵之，滥也。凡人主德行非出人也，知非出人也，勇力非过人也。然民虽有圣知，弗敢我谋；勇力，弗敢我杀；虽众，不敢胜其主；虽民至亿万之数，县重赏而民不敢争，行罚而民不敢怨者，法也。国乱者，民多私义；兵弱者，民多私勇。则削国之所以取爵禄者多涂。亡国之俗，贱爵轻禄。不作而食，不战而荣，无爵而尊，无禄而富，无官而长，此之谓奸民。所谓"治主无忠臣，慈父无孝子"，欲无善言，皆以法相司也，命相正也。不能独为非，而莫与人为非。所谓富者，入多而出寡。衣服有制，饮食有节，则出寡矣。女事尽于内，男事尽于外，则入多矣。

所谓明者，无所不见，则群臣不敢为奸，百姓不敢为非。是以人主处匡床之上，听丝竹之声，而天下治。所谓明者，使众不得不为。所谓强者，天下胜。天下胜，是故合力。是以勇强不敢为暴，圣知不敢为诈，而虑用。兼天下之众，莫敢不为其所好，而避其所恶。所谓强者，使勇力不得不为己用。其志足，天下益之；不足，天下说之。恃天下者，天下去之；自恃者，得天下。得天下者，先自得者也；能胜强敌者，先自胜者也。

圣人知必然之理，必为之时势。故为必治之政，战必勇之民，行必听之令。是以兵出而无敌，令行而天下服从。黄鹄之飞，一举千里，有必飞之备也。蛩蛩巨丘，日行千里，有必走之势也。虎豹熊罴，鸷[4]而无敌，有必胜之理也。圣人见本然之政，知必然之理，故其制民也，如以高下制水，如以燥湿制火。故曰：仁者能仁于人，而不能使人仁；义者能爱于人，而不能使人爱。是以知仁义之不足以治天下也。圣人有必信之性，又有使天下不得不信之法。所谓义者，为人臣忠，为人子孝，少长有礼，男女有别。非其义也，饿不苟食，死不苟生。此乃有法之常也。圣王者，不贵义而贵法。法必明，令必行，则已矣。

［注释］

①塞民：即约束民众。塞：约束。

②罢：败，失败。

③行（háng）间：行伍之间，指军中。

④鸷：凶猛，狠戾。

[译文]

以前，昊英氏时代，人们靠砍伐树木和捕杀野兽为生，因为那时人少而树木、野兽多。到了黄帝时代，不许捕捉小兽和采集鸟卵，官吏没有供应享受物资的仆人，人死了也不准用棺材埋葬。昊英和黄帝做的事情不相同，而都能治理天下，是由于时代不同了。神农时代，男人耕种，妇女纺织，使大家有饭吃、有衣穿；不用刑罚政令就能管理得好，不用武力就能治理天下。神农死后，产生了恃强凌弱，以多欺少的情况。因此，黄帝制定了君臣上下的等级名分，父子兄弟的礼仪，夫妻的配偶制度；对内运用刑罚，对外运用武力，这也是因为时代变了。由此看来，神农并不比黄帝圣明，他的名声却更高贵，是因为他做的事合乎了当时的需要。所以，现在用战争来消除战争，即发动战争也是可行的；用杀人来禁止杀人，即杀人也是可行的；用刑罚消除刑罚，即用重刑也是可行的。

从前能治理天下的人，一定要先控制他的民众；能制服强敌的人，也一定要先制服他的民众。制服民众的根本，在于可以控制民众，这就好像冶金的人能够控制金属，做陶器的人能够揉捏泥土一样。如果这个基础不牢固，民众就会像飞禽走兽一样，又有谁能控制得住呢？统治民众的根本，是法制。因此善于治国的人，是用法制来统治民众，这样，名声和土地就全部有了。有的国君声望很高，国土辽阔，最终统一天下，是什么原因呢？因为他是战胜者。有的国君没有声望，国土被侵占，以致灭亡，是什么原因呢？由于他是战败者。不打胜仗而治理天下，不打败仗而亡国，从古到今还未曾有过。民众勇猛，就能战胜；民众不勇猛，就要战败。能让民众尽力于战争的，民众就勇敢；不能使民众尽力作战的，民众就不勇猛。圣明的国君看到要治理天下，就得尽力于强兵，所以要全国的人都当兵。到一个国家，看他统治的情况，凡是军队愿为国君效力的，国家就强大。怎么才知晓民众是否愿为国君效力呢？民众见到战争，就像饿狼见了肉似的，这样就是民众是否愿为国君效力了。战争，是民众所讨厌的，能使民众乐意参与战争的就能统治天下。强国的民众，父送子，兄送弟，妻送夫去作战，都说："不能得到敌人的首级，就别回来。"又说："要是违背法令，你死了，我们也得死。乡里的官吏会治我们的罪，在军队里无处逃走，搬家也无处落脚。军队里统治的方法，是把五人编成一伍，推行连坐，用标志区分他们，用法令限制他们，使逃走的没处去，败退的活不成。因此三军将士，服从命令就像流水似的，情愿战死，决不后退。

国家动乱，不是因为他的法度混乱，也不是由于废弃法令。国家都有法令，但是没有保证法令能够实行的措施。国家都有制止奸邪、惩罚盗贼的法令，而没有必定能捉到奸邪盗贼的办法。尽管对奸邪盗贼处以死刑，可是，还制止不了奸邪盗贼，是由于不一定能捉到他们；如果必定能捉到而还有奸邪盗贼，那是因为刑罚太轻了。刑罚太轻，奸邪盗贼就得不到该有的惩罚，假如奸邪盗贼都能捉到，那受刑的人就太多了。因此善于治国的人，只惩罚不守法的人，而不赏赐守法的人，这样，不用刑罚，民众也都守法。不用刑罚而民众都守法，是因为刑罚重。刑罚重，民众不敢犯法，就能够不用刑罚了。民众都害怕违法，那么，全国的民众就都守法了。因此不赏赐守法的人，而民众都守法。不能奖赏守法的人，就如不能奖赏不做盗贼的人一样。因此,擅长治国的人,使得跖这样的人也能够诚信,何况伯夷这样的人呢?不会治国的人,使得伯夷这样的人也有犯法的可能,何况跖这样的人呢?如果客观形势使人不能做邪恶的事,尽管是跖这样的人也能够信得过;如果客观形势使人能做邪恶的事,尽管是伯夷这样的人也有嫌疑。

国家或者是治理得十分好,或者是治理得十分乱。英明的国君当权,他所任用的人必定是贤良的,这样,法令就掌控在贤人手里;法令掌握在贤人手里,就能向下贯彻落实,坏人也不敢违法乱纪,这就叫管理得特别好。平庸的国君掌权,他所任用的人必定不好,这样,国家没有严格的法令,坏人就敢违法乱纪,这就叫治理得十分乱。国家的兵力或者特别强,或者特别弱。民众原本都愿意打仗,又非打仗不可,这就称为兵力特别强。民众原本就不愿意打仗,又能够不打仗,这就叫兵力十分弱。

圣明的国君不胡乱使他的臣下获得富贵。所谓富,不是指粮食珠宝吗?所谓贵,不是指爵位官职吗?这些是由于国君废止法制,凭私人感情赏赐爵禄所造成的富贵。平常的国君,品德不一定超越别人,智慧也不一定超越别人,勇力也不一定超越别人。然而,民众尽管有非凡的智慧,也不敢谋算国君;尽管有过人的勇力,也不敢杀害国君;尽管人数众多,也不敢欺压国君;尽管民众有亿万那么多,可是,国君悬出重赏,民众不敢争夺,施行重罚,民众不敢憎恨,这都是有法制的原因。国家混乱,民众讲私人义气的就多;兵力衰弱,民众为私利争夺的就多。国家削弱的原因,是获得官爵俸禄的途径多;国家灭亡的原因,是人们轻视爵位、看轻俸禄。不劳动却有饭吃,不打仗却得到荣誉,没有爵位却很高贵,没有俸禄却很富裕,没有官职却很有权势，这些人称为奸民。善于治国的国君之下，无所谓忠臣，慈爱的父亲之下，无所谓孝子；要消除伪善的说教，大家都得按法制互相监督，用命令彼此纠正。这样，人们就不能独自违法乱纪，也无法和别人一起违法乱纪。所谓富，就是收入多而支出少。穿的吃的都有限制，支出就少了。妇女在家尽力纺织，男人在外尽力农耕，收入就多了。

明察的国君，他没有不能看到的事物，这样，群臣就不敢做邪恶的事，百姓也不敢违法乱纪。因此，国君躺在舒服的床上，听着乐曲，就能统治好天下。明察的国君，他能使民众不能不做事。力量强盛的国君，他能战胜天下；能战胜天下，是因为聚集了民众的力量。因此，勇敢强悍的人不敢做残暴的事，有非凡才智的人不敢为了欺诈而弄虚作假；全天下的人都不敢不做国君所喜欢的事，而躲避国君所讨厌的事。力量强大的国君，他使勇敢有力的人为自己效劳。这样，如果国君的意志得到充分显现，天下人都支持他；尽管他的意志没有充分体现，天下的人也都拥护他。国君只依赖外力，就会失去天下；依靠自己的力量，才能获得天下。能获得天下的国君，首先要自己具有得天下的条件。能战胜强敌的国君，首先要自己具有获胜的条件。

圣明的君主懂得事物发展的必然道理，又懂得必须顺应时代形势，所以实行的是必定能治理好国家的政治措施，派出作战的是必定勇敢的民众，推行的是民众必定听从的法令。这样，发动军队就所向无敌，发布命令就天下听从。黄鹄一飞千里，是由于它们有远飞的条件；蛮蛮巨丘日行千里，是由于它们有奔驰的能力；虎、豹、熊、罴勇猛无敌，是因为它们有必胜的勇力。圣明的君主弄清了政治上的根本原则，懂得事物发展的必然道理。因此，他治理民众，就好像利用地势的高低来控制水流，运用燃料的干湿来控制火势一样。因此说，讲仁的人能对别人仁爱,而不能使别人仁爱;讲义的人能爱护别人,而不能使别人彼此爱护。由此可见,仁义是不足以统治天下的。圣明的君主必定有取信于民的品德,又有使天下的人必定信服的法令。所谓"义",就是做臣子的要忠于国君,做儿子的要孝顺父母,小辈长辈之间要有礼节,男女有别;如果不符合"义"的,宁愿饿着也不讨吃食,宁愿死去也不偷生,这些都是国家有法制的正常情况。所以,圣明的君主不注重"义"而重视法。法令必定要严明,命令一定能执行,能做到这样就行了。

商君书卷第五

境内　第十九

四境之内，丈夫女子皆有名于上，生者著，死者削。

其有爵者乞无爵者以为庶子，级乞①一人。其无役事也，其庶子役其大夫月六日。其役事也，随而养之军。

爵自一级已下至小夫，命曰校、徒、操、公士。爵自二级已上至不更，命曰卒。其战也，五人束簿为伍，一人兆而到其四人，能人得一首则复。五人一屯长，百人一将。其战，百将、屯长不得首，斩；得三十三首以上，盈论，百将、屯长赐爵一级。五百主，短兵五十人。二五百主，将之主，短兵百。千石之令短兵百人，八百之令短兵八十人，七百之令短兵七十人，六百之令短兵六十人。国尉，短兵千人。将，短兵四千人。战及②死事，而到短兵。能一首则复。

能攻城围邑斩首八千已上，则盈论；野战斩首二千，则盈论。吏自操及校以上大将尽赏。行间之吏也，故爵公士也，就为上造也；故爵上造，就为簪袅；故爵簪袅，就为不更；故爵不更，就为大夫。爵吏而为县尉，则赐虏六，加五千六百。爵大夫而为国尉，就为官大夫；故爵官大夫，就为公大夫；故爵公大夫，就为公乘；故爵公乘，就为五大夫；则税邑三百家。故爵五大夫，就为大庶长；故大庶长，就为左更；故三更也，就为大良造。皆有赐邑三百家，有赐税三百家。爵五大夫，有税邑六百家者，受客③。大将、御、参皆赐爵三级。故客卿相，盈论，就正卿。

以战故，暴首三日，乃校三日，将军以不疑致士大夫劳爵。夫劳爵，其县过三日有不致士大夫劳爵，罢其县四尉，訾由丞尉。

能得甲首一者，赏爵一级，益田一顷，益宅九亩，除庶子一人，乃得入兵官之吏。

其狱法，高爵訾下爵级。高爵罢，无给有爵人隶仆。爵自二级以上，有刑罪则贬。爵自一级以下，有刑罪则已；小夫死。

公士以上至大夫，其官级一等，其墓树级一树。

其攻城围邑也，国司空訾其城之广厚之数。国尉分地，以校、徒分积尺而攻之，为期，曰："先已者当为最启，后已者訾为最殿。再訾则废。"穴通则积薪，积薪则燔柱。陷队之士，面十八人。陷队之士，知疾斗，不得，斩首。队五人，则陷队之士，人赐爵一级。死，则一人后。不能死之，千人环规，黥劓于城下。国尉分地，以中卒随之。将军为木台，与国正监、与王御史参望之。其先入者举为最启，其后入者举为最殿。其陷队也，尽其几者。几者④不足，乃以欲级益之。

[注释]

①乞：乞要。庶子：相当于仆人。

②及：如果。

③受客：养门客。

④几者：自愿申请的人。几，通"冀"，希望。

[译文]

在全国范围内，男的女的都要把名字登记在官府里，新生就记录，死了就注销。

有爵位的人，能够向上司请求，让没有爵位的人给他做庶子。爵位每高一级，能够多请求一个。有爵位的人，没有战事时，庶子每月给他们服役六天。有爵位的人，假如有战事，庶子就跟随去服役，在服役期间，为主人做饭吃。

军队里的爵位，从一级以下到小夫，称为校、徒、操，爵位是公士。朝廷的行政爵位，从二级以上到不更，称为"卒"。在战斗时，把五个人编为一伍，登记在一个册子上，如果有一个人逃走，就对其余四个人用刑；假如谁能斩敌人一个头，就免去对他的刑罚。每五个人设一个屯长，每一百个人设一个将。战斗时，将和屯长假如得不到敌人的头，就杀死他。杀敌三十三个以上，就算达到朝廷规定的数目，将和屯长都奖赏爵位一级。带五百个兵的官，有五十个短兵；领一千兵的官，是带领战斗的主要将领，有一百个短兵；得到一千石粮食俸禄的官，有一百个短兵；得到八百石粮食俸禄的官，有八十个短兵；得到七百石粮食俸禄的官，有七十个短兵；得到六百石粮食俸禄的官，有六十个短兵。国尉，有一千个短兵。大将，有四千个短兵。作战中，假如官吏战死，就对他的短兵用刑；假如谁能杀敌人一个首级，就免去刑罚。

在攻击和围困敌人的城镇时，能杀敌八千以上，就符合朝廷规定的数目了；在野战中，能杀敌两千，就符合朝廷规定的数目了。在这种情形下，官吏从"操、校"到大将，都要进行奖赏。军队中的官吏，以前是公士，就升为上造。以前是上造，就升为簪袅。以前是簪袅，就升为不更。以前是不更，就升为大夫。以前的军吏当了县尉，就赏赐他六个奴隶，并赏赐他五千六百钱。以前爵位是大夫、为国家掌管一种政务的，就升为官大夫。以前是官大夫，就升为公乘。以前是公乘，就升为五大夫，并赏赐他三百户人家的地税。以前是五大夫，就升为庶长。以前是庶长，就升为左更。以前是三更，就升为大良造。从庶长到大良造，都赏赐三百户人家的封地，还赏赐三百户人家的地税。爵位是五大夫，享受六百户封地和地税的，家里就能够养门客。对大将、车夫和车夫的助手，都赏赐爵位三级。以前是客卿身份为相的，立的战功达到朝廷的规定，就升为正卿。

打仗之后，把所杀敌人的首级都摆出来，示众三天，核实三天。将军认为毫无错误，便把爵位赏赐有战功的兵士和大夫。假如县里过了三天还不给士兵和大夫爵位，就免除县里的四个尉官。由县里的官长来评判。

如果能获得敌方有爵位的人一个首级，就赏赐他爵位一级，另外还给他一顷地和九亩住房，并赏赐他一个庶子，这样他才可在军队或地方衙门里做官。

其刑法规定，由爵位高的人来审判爵位低的。爵位高的人，如果有罪被免除，也不给别的有爵位的人做奴仆。爵位是二级之上的，假如犯了罪，就降低他的爵位等级。爵位是一级之下的，如果犯了罪，就罢免他的爵位，小夫犯罪则处死。

公士以上到大夫，假如死了，他的官爵每高一级，坟墓上就多种一棵树。

在攻击、围困敌国城镇时，国司空测量那个城面积的大小和城墙厚度。国尉分配各队攻打的地点，让校、徒按分配的范围去攻打，定出攻下的期限，并告知他们："谁先攻下来就定为头等功，谁后攻下来就定为末等，再次的就评不上功。"把敌人的城墙挖通，堆上柴草，点火毁灭建筑物。冲锋陷阵的士兵，在城的每一个方向分配十八个人。他们都知道应该努力作战。一个队如能获得敌人五个首级，就赏赐这个队的每个士兵爵位一级。假如谁在战斗中死了，就由他家中的人来继承他的爵位。假如谁贪生怕死，不竭力作战，就让千人围观，在城下对他用刺面、割鼻子的刑罚。国尉分配攻打范围后，中军的士兵跟着冲锋陷阵的分队向城里攻击。将军叫人搭个木台，同国正监以及国君派遣的御史一同在台上瞭望战斗情况。先攻进城里的，就定为头等功，后攻进城里的，就定为末等功。这些冲锋陷阵的战士，应当全是自己要求参与的，如果自己要求参与的人员不够，就用想升官晋爵的人来弥补。

弱民 第二十

民弱国强;民强国弱。故有道之国务在弱民。民朴则强,淫则弱。弱则轨,强则越志①。轨则有用,越志则乱。故曰:以强去强者,弱;以弱去强者,强。

民,善之则亲,利之用则和;用则有任,和则匮;有任,乃富于政。上舍法,任民之所善,故奸多。民贫则力富,力富则淫,淫则有虱②。故民富而不用,则使民以食出官爵,官爵必以其力,则农不偷。农不偷,六虱无萌。故国富而贫治,重强。

兵易弱难强;民乐生安佚。死难,难正。易之则强。事有羞,多奸;寡赏,无失。多奸疑,敌失,必利。兵至强,威;事无羞,利。用兵久处利势,必王。故兵行敌之所不敢行,强;事兴敌之所羞为,利。法有,民安其次;主变,事能得齐。国守安,主操权,利。故主贵多变,国贵少变。

利出一孔,则国多物;出十孔③,则国少物。守一者治,守十者乱。治则强,乱则弱。强则物来,弱则物去。故国致物者强,去物者弱。

民,辱则贵爵,弱则尊官,贫则重赏。以刑治民,则乐用;以赏战民,则轻死。故战事兵用曰强。民有私荣,则贱列卑官;富则轻赏。治民羞辱以刑,战则战。民畏死,事乱而战,故兵农怠而国弱。

农、商、官三者,国之常官也。农辟地,商致物,官法民。三官生虱六,曰"岁",曰"食";曰"美",曰"好";曰"志",曰"行"。六者有朴,必削。农有余食,则薄燕于岁。商有淫利,有美好,伤器。官设而不用,志、行为卒。六虱成俗,兵必大败。

法枉治乱;任善言多。治众国乱;言多兵弱。法明治省;任力言息。治省国治;言息兵强。故治大,国小;治小,国大。

政作民之所恶,民弱;政作民之所乐,民强。民弱国强;民强国弱。故民之所乐民强,民强而强之,兵重弱。民之所乐民强,民强而弱之,兵重强。故以强重弱,削;以弱重强,王。以强攻强弱,强存;以弱攻弱强,强去。强存则弱;强去则王。故以强政弱,削;以弱攻强,王也。

明主之使其臣也,用必加于功,赏必尽其劳。人主使其民信此如日月,则无敌矣。今离娄见秋豪之末,不能以明目易人;乌获举千钧之重,不能以多力易人;圣贤在体性也,不能以相易也。今当世之用事者,若欲为上圣,举法之谓也。背法而治,此任重道远而无马、牛,济大川而无舡楫也。今夫人众兵强,此帝王之大资也,苟非明法以守之也,与危亡为邻。故明主察法,境内之民无辟淫之心,游处之士迫于战陈,万民疾于耕战。有以知其然也。楚国之民齐疾而均,速若飘风。宛钜铁钝,利若蜂虿;胁鲛犀兕,坚若金石。江、汉以为池,汝、颍以为限,隐④以邓林,缘以方城。秦师至,鄢、郢举,若振槁;唐蔑死于垂涉,庄蹻发于内,楚分为五。地非不大也,民非不众也,甲兵财用非不多也;战不胜,守不固,此无法之所生也,释权衡而操轻重者。

[注释]

①轨:遵循,此指守法。越志:放纵其心。

②虱：比喻弊害。

③孔：途径。

④隐（yìn）：依据。

[译文]

　　民众弱，国家就强；民众强，国家就弱。因此，治理得法的国家，一定要使民众弱。民众朴实，国家就强；民众放荡，国家就弱。民众朴实，就能够遵循法制；民众放荡，就随心所欲。民众朴实，就可以为国君效力；民众随心所欲，就不守法。因此说：采用强民的政策，来消除不守法的强民，国家就弱；采取弱民的政策，来消除不守法的强民，国家就强。

　　对于民众，用仁爱来治理，他们就私人相亲，不愿告发奸民；利用矛盾来治理他们，他们就会与国君同心。使用他们，他们就去承担义务；他们与国君同心，国家就不会穷困。他们承担义务，法治就会得到良好效果。国君要是丢弃法令，使民众为所欲为，那么坏人坏事就会多起来。民众穷困就想要富裕，富裕了就会游荡，游荡就会产生虱害。民众富裕了，可是不想为国家效力，那就让他们拿粮食去取得官爵，使他们人人都一定努力耕作，这样，搞农业就不会松劲儿。搞农业不松劲儿，六种虱害就无法产生。所以国家富足，民众治理得好，这就是强上加强。

　　兵力容易弱而不容易强。民众珍惜生命，贪求安逸，要他们为国家贡献生命是很难的，因而很难治理；如果他们能够改变，兵力就强了。对国内来说，如果民众知道那些事是耻辱的而不去做，奸人就会减少。如果国君奖赏适当，好人就会停止作恶。作战的时候，如果让敌人逃跑，必定要对士兵用刑，这样，军队就会有强大的威力。对敌人来说，假如民众认为没有什么事是耻辱而不该去做的,这就有利于用兵。国君用兵能够长久居于有利的形势,就一定能统一天下。所以,能打敌人所不敢打的仗,就会强盛;能做敌人认为耻辱的事,就会有利。国家有法令,民众就能安分守己;国君擅长随机应变,事情就能办成功。国家维持安定,国君掌控大权,就会有利。因此,国君贵在谋略多变化,国家贵在法令少改变。

国家的利禄如果只来自农战这一个方式,物质财富就增多;如果出自很多方式,物质财富就减少。国家专心于农战,就治理得好;国家按《诗》《书》、礼、乐……那一套治理,就会动乱。国家统治得好的就强,治理混乱的就弱。国家强,物质财富就会越来越多;国家弱,物质财富就会越来越少。因此,国家积累物质财富的就强,失去物质财富的就弱。

民众,卑贱,就注重爵位,朴实就尊敬官吏;贫穷就重视赏赐。国家用刑罚进行统治,民众就乐于为国君竭力;用奖赏激励参战立功,民众就不怕死。因此,战争有准备,士兵愿效力,这就称为强。民众如果能通过私人门路而获得荣誉,就会轻视爵位和官职;如果富裕,就会看轻奖赏。统治民众,要用刑罚使他们感到耻辱,这样,在打仗的时候,他们才会勇猛作战。如果在民众怕死、政事动乱的情况下发生战争,士兵、农民就会消极松懈,国力就弱。

农民、商人、官吏这三种职业,是国家通常的分工。农民开拓土地,商人贩卖货物,官吏管理民众。这三种职业会出现六种虱害,称为岁、食、美、好、志、行。这六种虱害生了根,国家一定被削弱。农民有了余粮,就一年到头贪求安逸。商人为了获取暴利,就只顾贩卖华丽的物品,而影响了生活必需品的生产。官吏空占着职位而不替国家尽力,思想品行就堕落。六种虱害成风气，打仗就必定大败。

法令被扭曲，政事就混乱。任用贤良，空谈就会流行。政事杂乱，国家就乱；空谈流行，兵力就弱。法令严格，政事就精简；任用对农战有功的人，空谈就会停止。政事精简，国家就统治得好；空谈停止，兵力就强大。因此，政事繁杂，国家就弱小；政事精简，国家就强盛。

法令基于民众所讨厌的东西来制定，民众就弱；法令基于民众所喜欢的东西来制定，民众就强。民众弱，国家就强；民众强，国家就弱。民众所喜欢的是民众强，民众强了，如果又推行强民政策去纵容他们，国家的兵力就弱上加弱。民众所喜欢的是了，民众强了，如果推行弱民政策去制服他们，国家的兵力就强上加强。因此，推行强民政策，兵力就弱上加弱；推行弱民政策，兵力就强上加强，就能统治天下。用强民政策治理强民和弱民，强民还会存在。用弱民政策治理弱民和强民，强民就会消除。强民存在，国家就弱；强民消除，就能统治天下。因此，用强民政策治理弱民，国家就弱，用弱民政策治理强民，就能统一天下。

圣明的国君这样任用他的臣民：任用的时候，一定按照他们功绩的大小；奖赏的时候，一定符合他们尽力的多少。国君如果能让臣民信任这一点就像相信日月运行不变一样，那就天下无敌了。离娄能见到秋天毫毛的尖端，可是不能将这样好的眼睛给予别人；乌获能举起千钧重的东西，但是不能把这么大的气力给予别人；圣贤有特有的才智，也不能给予别人。现在掌权的统治者，想成为圣人，只有实行法治。如果抛弃法治去治国，那就如同担子重、道路远而没有马牛一样，如同想过大河而没有船和桨一样。如今，人多兵强，这正是帝王最大的本钱。但是，如果不用严明的法治来稳住这些资本，那就接近危亡了。

因此，英明的国君明察法治的重要性，他国内的民众没有邪辟游荡的想法，说客和隐士也被逼上战场，成千上万的民众都积极务农和作战，因为他们懂得必须这样做。楚国的民众，行动快速整齐，动作快得如同一阵风；他们的短矛，是用宛地生产的上等钢铁制成的，锋利得如同蜂、蝎的毒针一样；他们身上披着鲛鱼皮、犀牛皮做的护甲，坚硬得如同金属、石头一样。他们有长江和汉水做护城河，有汝水和颍水做边界，有邓林做屏障，有方城做前沿。但是秦军一到，就攻占鄢、郢，如同摇动枯枝一样。楚将唐蔑在垂涉战死，庄蹻从内部起兵，楚国就分成五块了。楚国不是地盘不大，不是民众不多，也不是装备资财不充沛；但是还是打不赢，守不住，是没有建立法治的结果。这就像不用秤来称量东西的轻重一样。

御盗　第二十一

本篇文字已亡佚。

外内 第二十二

　　民之外事莫难于战，故轻法不可以使之。奚谓轻法？其赏少而威薄，淫道不塞之谓也。奚谓淫道？为辩知者^①贵，游宦者任，文学私名显之谓也。三者不塞，则民不战而事失矣。故其赏少，则听者无利也；威薄，则犯者无害也。故开淫道以诱之，而以轻法战之，是谓设鼠而饵以狸也，亦不几乎？故欲战其民者，必以重法。赏则必多，威则必严，淫道必塞。为辩知者不贵，游宦者不任，文学私名不显。赏多威严，民见战赏之多则忘死，见不战之辱则苦生。赏使之忘死，而威使之苦生，而淫道又塞，以此遇敌，是以百石之弩射瓢叶也，何不陷之有哉？

　　民之内事，莫苦于农，故轻治不可以使之。奚谓轻治？其农贫而商富，故其食贱者钱重，食贱^②则农贫，钱重则商富；末事不禁，则技巧之人利，而游食者众之谓也。故农之用力最苦，而赢利少，不如商贾、技巧之人。苟能令商贾、技巧之人无繁，则欲国之无富，不可得也。故曰：欲农富其国者，境内之食必贵，而不农之征必多，市利之租必重。则民不得无田，无田不得不易其食，食贵则田者利，田者利则事者众。食贵，籴食不利，而又加重征，则民不得无去其商贾、技巧而事地利矣。故民之力尽在于地利矣。

　　故为国者，边利尽归于兵，市利尽归于农。边利归于兵者强；市利归于农者富。故出战而强，入休而富者，王也。

[注释]

①辩知者：长于论辩，能说会道之人。
②食贱：粮食价格低。

[译文]

对外的事情，在民众看来没有比作战更难的了，因此，"轻法"是不能使他们去作战的。什么是"轻法"呢？即：奖赏少，刑罚轻，"淫道"没堵住。什么是"淫道"呢？即：能言善辩、卖弄聪明的人获得尊贵，到处奔走谋取官职的人受到重用，长于儒学的人有声望、有地位。这三条道路假如不堵住，民众就不愿打仗，战争就要失败。因为奖赏少，遵守法令的人就无利可图；刑罚轻，违犯法令的人就不会遭受损害；又开辟"淫道"来诱使民众：这样用"轻法"想使民众去作战，就如同要捉老鼠却用猫做诱饵一样，是没有指望的。因此，要使民众去打仗，一定要用"重法"。奖赏必定要厚，刑罚必定要严，"淫道"必定要堵住；不让那些能言善辩、卖弄聪明的人获得尊贵，不让那些到处奔走谋取官职的人得到重用，不让那些长于儒学的人获得名誉地位。奖赏厚、刑罚严，那么，民众见到打仗能获得厚赏，就不怕死；见到逃避打仗会遭受侮辱，就把苟且偷生视为是苦事。赏赐使民众不怕死，刑罚使民众不愿苟且偷生，而"淫道"又堵住了，用这样的民众去打击敌人，就如同用百石的硬弩去射轻飘飘的树叶，难道还不能攻破吗？

对内的事情，在民众看来没有比务农更苦的了，因此，"轻治"是不能让他们去务农的。什么是"轻治"呢？农民穷而商人富，粮食贱而钱币贵，粮食贱农民就穷，钱币贵商人就富；国家不限制工商业，从事手工业的人就获利，游荡吃闲饭的人就多，这就称为"轻治"。

农民用力种地，十分艰苦，但是获得的利益却很少，赶不上商人和手工业者。如果可以使商人和从事手工业的人不增多，那么，就是想国家不富，也办不到。因此说，想靠搞农业使国家富裕起来，就一定要提高国内粮食的价格，一定要增加不从事农业的人的徭役，必须增加商业利润的税收。这样，民众就必须种田，如果不种田就必须买粮食。粮食贵，种田的人就获利，种田的人有利，去种田的人就多。由于粮食贵，买粮食不划算，加上徭役又重，因此人们就必须抛开商业和手工业去从事农业生产。这样，民众的力量就会全部集中在农业生产上了。

治理国家的人，要把边境关卡所获的利益都用于战争，把市场经商所获的利益都归于农业。边境关卡的利益都用于战争，国家就强；市场经商的利益都归于农业，国家就富。因此，发兵打仗强大，回师整顿富裕的国家，就能够统一天下。

君臣 第二十三

古者未有君臣上下之时，民乱而不治。是以圣人列贵贱，制爵位，立名号，以别君臣上下之义。地广，民众，万物多，故分五官而守之。民众而奸邪生，故立法制、为度量以禁之。是故有君臣之义、五官之分、法制之禁，不可不慎也。处君位而令不行，则危；五官分而无常，则乱；法制设，而私善①行，则民不畏刑。君尊，则令行；官修，则有常事；法制明，则民畏刑。法制不明，而求民之行令也，不可得也。民不从令，而求君之尊也，虽尧、舜之知，不能以治。明王之治天下也，缘法而治，按功而赏。凡民之所疾战不避死者，以求爵禄也。明君之治国也，士有斩首、捕虏之功，必其爵足荣也，禄足食也。农不离廛者，足以养二亲，治军事。故军士死节，而农民不偷也。

今世君不然，释法而以知，背功而以誉。故军士不战而农民流徙。臣闻：道民之门在上所先。故民，可令农战，可令游宦，可令学问，在上所与②。上以功劳与，则民战；上以《诗》、《书》与，则民学问。民之于利也，若水于下也，四旁无择也。民徒可以得利而为之者，上与之也。瞋目扼腕而语勇者得，垂衣裳而谈说者得，迟日旷久积劳私门者得。尊向三者，无功而皆可以得，民去农战而为之。或谈议而索之，或事便辟而请之，或以勇争之。故农战之民日寡，而游食者愈众。则国乱而地削，兵弱而主卑。此其所以然者，释法制而任名誉也。

故明主慎法制。言不中法者不听也，行不中法者不高也，事不中法者不为也。言中法，则辩之；行中法，则高之；事中法，则为之。故国治而地广，兵强而主尊。此治之至也，人君者不可不察也。

[注释]

①私善：不以法律为标准而实行的恩惠。

②与：奖赏。

[译文]

古代没有君臣上下等级的时候，民众混乱而不能得到治理。因此，圣人分别贵贱，制定爵位，设立名号来划分君臣上下的等级关系。由于地大物博、人口众多，所以设立五官来管理。又由于人口众多而出现了奸邪，因此建立法制，制定标准来制止奸邪。因此，有了君臣上下的等级关系，五官的分工以及用法制制止奸邪，这是不能不谨慎的。居于国君的地位而法令不能推行，那就危险了；五官分工了而没有常规，那就动乱了；法制设立了而还凭私情、私义行事，民众就不惧怕刑罚了。国君有尊严，法令就能推行；官吏遵守法制，政事就有规定；法制严明，民众就惧怕刑罚。法制不严明，而要求民众遵守国君的法令，这是不可能做到的。民众不听从国君的法令，而要求国君有尊严，即使他有尧、舜的智慧，也是不能统治好国家的。明智的国君治理天下，是按照法制进行治理，根据功绩给予奖赏。民众之所以勇敢作战，是为了获得爵禄。明智的国君治理国家，兵士有了杀死敌人、活捉俘虏的功德，一定赏给他们足以荣耀的爵位，足以食用的俸禄。农民不离开居所足以奉养双亲，抚育儿女，供应粮草、兵器等军需用品。这样，军士就能拼命作战，而农民也不会偷懒。

现在世上的国君却不是这样，他们抛开法制而任用所谓有智慧的人，不根据功劳而任用徒有虚名的人。因此兵士不愿作战，农民离开居所。我听闻，引导民众的关键，在于国君倡导的是什么。所以，能够使民众从事农战，也能够使他们游走求官，还可让他们去学儒家学问，这在于国君按什么给赏赐。国君按功劳给奖赏，民众就会参与战争；国君按读《诗》《书》给赏赐，民众就去学儒家学说。民众对于利，就如同水往低处流一样，是不能挑选东西南北方向的。民众只要能获得利益，就会去干国君所奖励的事情。假如让气势汹汹讲武勇的人获得利益，让身穿长衣、巧言辩说的人获得利益，让长期为豪门权贵效劳的人获得利益。就是说，崇尚这三种人，让他们尽管没有功绩而都能够得到利益，那么，民众就舍弃农战也去干这些事了，或者以空谈得到利益，或者巴结国君的亲信，靠请托获得利益，或者靠勇敢去获得利益。这样，从事农战的人就越来越少，而不务正业，吃闲饭的人就越来越多，结果是国家混乱而国土被侵占，兵力虚弱而国君地位低下。这种情况所以出现，是由于抛开法制而任用虚名。

因此，明智的国君严肃谨慎地对待法制。言谈不合乎法的，就不听从；行为不合乎法的，就不推崇；事情不合乎法的，就不去做。相反，言谈合乎法的，就听从；行为合乎法的，就推崇；事情合乎法的，就去做。这样，国家就统治得好而国土能扩大，兵力就强大而国君有威严，这是最理想的境界，国君对此是不能不明辨的。

禁使 第二十四

人主之所以禁使者，赏罚也。赏随功，罚随罪。故论功察罪，不可不审也。夫赏高罚下[①]，而上无必知其道也，与无道同也。凡知道者，势、数也。故先王不恃其强而恃其势；不恃其信，而恃其数。今夫飞蓬遇飘风而行千里，乘风之势也；探渊者知千仞之深，县绳之数也。故托其势者，虽远必至；守其数者，虽深必得。今夫幽夜，山陵之大，而离娄不见。清朝日鞲，则上别飞鸟，下察秋豪。故目之见也，托日之势也。得势之至，不参官而洁，陈数而物当。今恃多官众吏，官立丞、监。夫置丞立监者，且以禁人之为利也。而丞、监亦欲为利，则何以相禁？故恃丞、监而治者，仅存之治也。通数者不然也。别其势，难其道。故曰：其势难匿者，虽跖不为非焉。故先王贵势。

或曰："人主执虚后以应，则物应稽验，稽验则奸得。"臣以为不然。夫吏专制决事于千里之外，十二月而计书[②]以定。事以一岁别计，而主以一听，见所疑焉，不可蔽，员不足。夫物至，则目不得不见；言薄，则耳不得不闻。故物至则变，言至则论。故治国之制，民不得避罪，如目不能以所见遁心。今乱国不然，恃多官众吏。吏虽众，事同体一也。夫事同体一者，相监不可。且夫利异而害不同者，先王所以为保也。故至治，夫妻交友不能相为弃恶盖非，而不害于亲，民人不能相为隐。上与吏也，事合而利异者也。今夫驺虞，以相监不可，事合而利同者也。

若使马焉能言，则驺虞无所逃其恶矣，利异也。利合而恶同者，父不能以问子，君不能以问臣。吏之与吏，利合而恶同也。夫事合而利异者，先王之所以为保也。民之蔽主，而不害于盖，贤者不能益，不肖者不能损。故遗贤去智，治之数也。

[注释]

①赏高罚下：赏功罚罪。

②计书：古代州称年终向朝廷汇报的智书文，记载户口、垦田、钱粮出入之数的簿册。

[译文]

国君所以能够制止奸邪，调动臣民，是靠赏和罚。有功就赏，有罪就罚。因此评定功绩，考察罪过，不能不认真对待。赏赐功绩、惩罚罪过的原则，如果国君不知晓，那就和没有这个原则一样了。一般说，知道赏罚的原则，就是知道利用形势和运用方法。因此，古代帝王不是依靠他力量的强大，而是依靠他能利用的形势；不是依靠他的信用，而是依靠他的方法。比如，蓬草见到暴风能飞千里，是借助风的力量。测量深水的人能知晓八千尺的深度，是使用悬绳测量的方法。因此，借助风的力量，距离尽管很远，也必定能到达目的地。掌握了探测的方法，尽管水很深，也必定能测到它的深度。如果在漆黑的夜里，连离娄也不能看到高大的山岭；而在天气晴朗、阳光灿烂的早晨，他上能够辨别天上的飞鸟，下能够看清地上的毫毛。因此说，眼睛能看到东西，是借助太阳的光亮。

国君运用权势很到位，那么，尽管官吏不多，也能治理得井井有条，方法行得通，事务也处置得当。现在的国君，都依赖官吏众多，官吏中又分设行政官和监察官。设置行政官和监察官的目的，本来是为了制止人们追逐私利，但是这些官吏自己也想追求私利，又怎能制止别人呢？因此，依靠行政官和监察官来治理国家，只是肤浅的治理办法。通晓治国方法的国君就不会这样。他划分官吏的职权，使他们很难利用职权去做坏事。因此说，如果形势使罪过很难隐藏，那么，尽管像跖那样的人也不敢做坏事。所以，古代帝王都注重权势。

有人说："如果国君胸无成见地断定事物，事物就能获得核查、校验，通过核查、校验就能发现坏人坏事。"我认为不是这样。官吏在千里之外自作主张断定政事，十二个月之后才写好报告地方情况的文书。政事一年向国君报告一次，国君只根据这一次报告处理政事，尽管发现可疑的地方，也不能做出决断，因为物证不足。如果事物发生在眼前，眼睛就不会见不到；言语传到耳边，耳朵就不会听不到。因此说，事物出现了，才能分辨清楚，话说出来了，才能判定含义。因此，治理得好的国家的法制，要使人们不能逃避自己的罪行，就像眼睛见到的东西，心中逃不脱印象一样。如今治理混乱的国家就不是这样，而是依靠官吏众多。官吏尽管多，但是职务相同、地位一样。职务相同、地位相同的人，是不能彼此监视的。人们的利害不同，这是古代帝王实行连坐的依据。治理得好的情形是：夫妻之间、朋友之间都不能彼此包庇罪恶和遮掩错误，他们并不因为彼此的亲密关系而危害法制，人们都不能互相掩盖过错。国君和官吏，职务是相关联的，可是利益却不一致。如果让马夫和马夫彼此监视，那就不行，因为他们的职务一样，利益也一致。如果马会说话，马夫就不能逃避自己的罪责了，因为马夫和马的利益不相同。

如果利益一致而罪恶一样，父亲就不能追究儿子，国君也不能追究臣下。官吏和官吏，就是利益相同，罪恶也相同的。人们职务相关联而利益不相同，这是古代帝王治国的开始。尽管臣民想要蒙蔽国君，但是不能以互相遮掩错误来损害法制。利害不同而彼此监视的方法，贤人不能增加，不贤的人不能减少。所以冷落那些所谓有才能、有智慧的人，才是治国的重要办法。

慎法　第二十五

凡世莫不以其所以乱者治，故小治而小乱，大治而大乱。人主莫①能世治其民，世无不乱之国。奚谓以其所以乱者治？夫举贤能，世之所治也，而治之所以乱。世之所谓贤者，善正也。所以为善正也，党也。听其言也，则以为能；问其党，以为然。故贵之不待其有功；诛之不待其有罪也。此其势正使污吏有资而成其奸险，小人有资而施其巧诈。初假吏民奸诈之本，而求端悫其末，禹不能以使十人之众，庸主安能以御一国之民？彼而党与人者，不待我而有成事者也。上举一与民，民倍主位而向私交。民倍主位而向私交，则君弱而臣强。君人者不察也，非侵于诸侯，必劫于百姓。彼言说之势，愚智同学之，士学于言说之人，则民释实事而诵虚词。民释实事而诵虚词，则力少而非多。君人者不察也，以战必损其将；以守必卖其城。

故有明主忠臣产于今世，而欲领其国者，不可以须臾忘于法。破胜党任，节去言谈，任法而治矣。使吏非法无以守，则虽巧不得为奸。使民非战无以效其能，则虽险不得为诈。夫以法相治，以数相举。誉者不能相益，訾者不能相损。民见相誉无益，习相爱不相阿；见訾言无损，习相憎不相害也。夫爱人者，不阿；憎人者，不害。爱恶各以其正，治之至也。臣故曰：法任而国治矣。

千乘能以守者，自存也；万乘能以战者，自完也。虽桀为主，不肯詘半辞以下其敌。外不能战,内不能守,虽尧为主,不能以不臣谐所谓不若之国。自此观之,国之所以重、主之所以尊者,力也。于此二者本于力,而世主莫能致力者,何也?使民之所苦者无耕,危者无战。二者,孝子难以为其亲,忠臣难以为其君。今欲毆其众民,与之孝子忠臣之所难,臣以为,非劫以刑而驱以赏莫可。而今,夫世俗治者,莫不释法度而任辩慧,后功力而进仁义,民故不务耕战。彼民不归其力于耕,即食屈②于内;不归其节于战,则兵弱于外。入而食屈于内,出而兵弱于外,虽有地万里、带甲百万,与独立平原一贯也。且先王能令其民蹈白刃,被矢石。其民之欲为之,非好学之,所以避害。故吾教令:民之欲利者,非耕不得;避害者,非战不免。境内之民莫不先务耕战,而后得其所乐。故地少粟多,民少兵强。能行二者于境内,则霸王之道毕矣。

[注释]

①莫:没有谁。
②屈:竭。

[译文]

　　一般来说,各代的国君,没有不是用乱国的措施去治国的。因此,小治就小乱,大治就大乱。国君没有能世世代代治理民众的,世上也没有不乱的国家。什么是用乱国的方法去治国呢?举用贤人,就是世代常用的治国办法,然而,用这种办法来统治,就会导致混乱。世俗所说的"贤",是指良善、正直。可是良善正直的名声,是靠他们的党徒吹嘘出来的。国君听见某人夸夸其谈,就认为他有才能;问问他的同党，也都是满口赞扬。因此，国君给人尊贵，并不因他立了功，给人处罚，也不因他犯了罪。这种情况，正好使贪官污吏有了借口去干阴险的事情，使坏人有了借口去展示欺骗的手段。起初就给贪官和坏人创造了干坏事的条件，到头来却要求他们正直诚实，照这么办，就是大禹也统领不了十人之多，何况一般的国君，又怎能治理一国的民众？他们要是结党营私，就不用等国君的提拔而取得官爵。假如国君提拔一个这样的人，人们就会背离国君而倾向私人交往。人们背离国君而倾向私人交往，国君的权力就会减弱，臣子的权势就会强大。国君如果不能认识这一点，结果不是被诸侯所侵犯，就是被百官所推翻。那种巧言诡辩的风气，愚蠢和聪明的人都在学。假如上层人士向说客学，人们就都会抛弃实际工作去空谈。人们都抛弃实际工作去空谈，国家的实力就会减弱，说空话的人就会增多。如果国君不能认识这一点，打仗，就一定损兵折将，防守，就一定丧失城池。

因此，当代的明君和忠臣，如果要治理他的国家，就不能够有片刻忘掉法治。只有破除同党彼此包庇，禁止浮夸空谈，运用法制，才能治理好国家。要使官吏在法令以外就没有遵循的东西，这样，官吏再狡猾，也不能干成坏事；要使民众除了农战就没有施展能力的地方，这样，人们再阴险，也搞不了欺骗。运用法制来治国，根据原则来用人，吹捧不能给别人带来益处，诽谤也不能给别人带来损害。人们看到彼此吹捧捞不到好处，就会避免和坏人交往；见到互相诽谤不能损害别人，平时互相憎恨的人也不互相损害了。对喜爱的人不偏爱，对憎恨的人不损害，爱和憎都能根据正确的原则来处置，这就达到治国的理想境界了。因此我认为：使用法制，国家就能统治得好了。

有一千辆兵车用来守卫国家，就能够保存自己；有一万辆兵车用来征战国家江山，就能够巩固。在这种情况下，一个国家尽管有桀这样的国君，也不愿说半句示弱的话向敌国投降。相反，一个国家外不能攻，内不能守，尽管有尧这样的国君，也不可不向强暴的国家屈服求和。这样看来，国家被重视，国君受尊重，是因为有实力。国家被重视，国君受尊敬，都以实力为根本，然而，世上的国君却不能得到实力，这是什么原因呢？役使民众，没有比耕作更苦的了，没有比打仗更危急的了。这两件事，尽管孝子为了他的父母、忠臣为了他的国君，都很难做到。现在，要驱使人们去做连孝子和忠臣都感觉为难的事，我认为，不用刑罚去强迫，不用赏赐去驱使，是不行的。但是，当今世上的统治者，没有不抛弃法制而任用善于诡辩、卖弄聪明的人，看轻通过农战立功而倡导仁义，因此民众不努力耕战。他们的民众不把力量用在耕作上，因而国内的粮食缺少；不把节义用在打仗上，因而对外的兵力薄弱。对内粮食缺少，对外兵力薄弱，尽管有江山万里，甲兵百万，国君也只能像一个人孤单地站在平原之上一样。古代的帝王能让他的民众上刀山，冒箭雨飞石，民众想要这样做，并不是他们愿意学着这样，而是为了避开刑罚。因此我们的教令是：民众想追逐利益，不耕种就不能得到；民众想避开祸害，不打仗就免不了。因此，国内的民众，没有不是首先竭力于耕战，然后才能获得他们喜欢的东西。所以尽管土地少，粮食却很多；尽管民众少，兵力却很强。如果在国内能推行这两项政策，那就完全掌控了统一天下的道理了。

定分　第二十六

公问于公孙鞅曰："法令以当时立之者，明旦欲使天下之吏民皆明知而用之，如一而无私，奈何？"

公孙鞅曰：为法令，置官吏。朴足以知法令之谓者，以为天下正，则奏天子。天子若，则各主法令之。皆降，受命发官，各主法令之。民敢忘行法令之所谓之名，各以其所忘之法令名罪之。主法令之吏有迁徙物故，辄使学读法令所谓。为之程序，使日数而知法令之所谓，不中程，为法令以罪之。有敢剟①定法令损益一字以上，罪死不赦。诸官吏及民，有问法令之所谓也于主法令之吏，皆各以其故所欲问之法令，明告之。各为尺六寸之符，明书年、月、日、时、所问法令之名，以告吏民。主法令之吏不告，及之罪，而法令之所谓也，皆以吏民之所问法令之罪，各罪主法令之吏。即以左券予吏之问法令者，主法令之吏谨藏其右券木柙，以室藏之，封以法令之长印。即后有物故，以券书从事。

法令皆副，置一副天子之殿中，为法令为禁室，有键钥，为禁而以封之，内藏法令一副禁室中，封以禁印。有擅发禁室印，及入禁室视禁法令，及剟禁一字以上，罪皆死不赦。一岁受法令以禁令。

天子置三法官：殿中置一法官，御史置一法官及吏，丞相置一法官。诸侯、郡、县皆各为置一法官及吏，皆比秦一法官。郡、县、诸侯一受赍来之法令，学并问所谓。吏民欲知法令者，皆问法官。故天下之吏民，无不知法者。吏明知民知法令也，故吏不敢以非法遇民，民不敢犯法以干法官也。遇民不修②法，则问法官，法官即以法之罪告之，民即以法官之言正告之吏。吏知其如此，故吏不敢以非法遇民，民又不敢犯法。如此，天下之吏民虽有贤良辩慧，不能开一言以枉法；虽有千金，不能以用一铢。故知、诈、贤能者皆作而为善，皆务自治奉公。民愚则易治也，此所生于法明白易知而必行。

　　法令者，民之命也，为治之本也，所以备民也。为治而去法令，犹欲无饥而去食也，欲无寒而去衣也，欲东而西行也，其不几亦明矣。一兔走，百人逐之，非以兔为可分以为百，由名分之未定也。夫卖兔者满市，而盗不敢取，由名分已定也。故名分未定，尧、舜、禹、汤且皆如骛焉而逐之；名分已定，贪盗不取。今法令不明，其名不定，天下之人得议之。其议，人异而无定。人主为法于上，下民议之于下，是法令不定，以下为上也。此所谓名分之不定也。夫名分不定，尧、舜犹将皆折而奸之，而况众人乎？此令奸恶大起，人主夺③威势，亡国灭社稷之道也。今先圣人为书而传之后世，必师受之，乃知所谓之名；不师受之，而人以其心意议之，至死不能知其名与其意。故圣人必为法令置官也，置吏也，为天下师，所以定名分也。名分定，则大诈贞信，巨盗愿悫，而各自治也。故夫名分定，势治之道也；名分不定，势乱之道也。故势治者不可乱，势乱者不可治。夫势乱而治之，愈乱；势治而治之，则治。故圣王治治，不治乱。

　　夫微妙意志之言，上知之所难也。夫不待法令绳墨，而无不正者，千万之一也。故圣人以千万治天下，故夫知者而后能知之，不可以为法，民不尽知。贤者而后知之，不可以为法，民不尽贤。故圣人为法必使之明白易知，名正，愚知遍能知之。为置法官，置主法之吏，以为天下师，令万民无陷于险危。故圣人立，天下而无刑死者，非不刑杀也，行法令明白易知，为置法官吏为之师，以道之知。万民皆知所避就，避祸就福，而皆以自治也。故明主因治而终治之，故天下大治也。

[注释]

①剟（duō）：修改。

②修：遵循。

③夺：脱失去。

[译文]

秦孝公问公孙鞅说："法令在当天制定，想明天早上就使天下的官吏和民众都认识明白，贯彻落实；而且始终如一，没有私心，应当怎么做呢？"

公孙鞅说：制定了法令，就要设置官吏。要选择熟悉法令内容的人，担任各地主管法令的官吏。把这样的人举荐给国君，国君就分别任命他们去掌管法令。他们都受命，前去上任，各自掌管各地的法令民众，如果胆敢忘记执法令条文的规定，就分别根据他们忘记的那条法令治罪。主管法令的官吏有变动或死亡的，就马上使接任的人学习和诵读法令的内容，并且制定规章制度，要求他几天之内就熟知法令的内容。如果不遵循规章制度，就要按法令治罪。如果有人敢删改法令而增减一个字以上，就应判死罪，不能免除。官吏和民众，有向掌管法令的官吏查问法令内容的，有关官吏都应该分别根据他们所问的法令，明白地回答他们。还为问、答双方造一个一尺六寸的符，上面写清楚年、月、日、时和所问法令的条文，用来回答询问法令的官吏和民众。如果主管法令的官吏不回答，等到询问法令的人犯了罪，而且犯的正好是他问过的那一条，那就根据这一条所定的罪来处罚主管法令的官吏。在回答询问的时候，把符的左券给询问法令的人。掌管法令的官吏要认真地把符的右券收藏在木匣子里，在一个屋子里保存，并且用主持法令长官的印章加封。即便主管法令的官吏以后死了，也要根据符券上所写的来办事。

法令都要设立副本。一个副本放置在国君的宫殿中，为了收藏法令，在宫殿专门建立禁室，用锁锁住并贴上封条，里边收藏法令。一个副本放置另一个禁室中，用盖着禁室印章的封条封上。如果有人私自揭开禁室的封条，或进入禁室偷看法令，或删除法令一个字以上的，都应判处死罪，不能免除。每年根据禁室所藏的法令，向官吏民众颁布法令一次。

国君设立三个法官：宫殿中设立一个法官，御史那里设立一个法官，丞相那里设立一个法官。诸侯和郡县，都分别设立一个法官，这些法官的设立，都仿效秦都的法官。称县诸侯，一收到法令，就学习研究，并照此落实。官吏和民众想知晓法令的，都去问法官。因此，天下的官吏和民众，没有不知晓法令的。官吏都清楚民众也知道法令，因此他们不敢以非法手段来对待民众，民众也不敢犯法来冒犯法官。如果官吏不根据法令对待民众，民众能够去问法官，法官把法令规定治罪的条例告知民众，民众就把法官的话严正地告知官吏。官吏知晓这种情况，因此不敢以非法的手段来对待民众，民众也不敢犯法。这样，天下的官吏和民众中尽管有所谓有德有才，能言善辩的人，也不能讲一句扭曲法令的话；尽管有千两黄金，也不能使一铢钱的使用犯法。因此，那些心眼多、搞诈骗和所谓贤能的人，都只好起来做点好事，都努力限制自己，奉公守法。民众淳朴，就容易治理，这是由于法令明白易懂，而且严格执行的缘故。

　　法令是民众的生命，是统治国家的根本，是用来保护民众的。统治国家却不用法令，就如同想不挨饿但不吃饭，想不挨冻但不穿衣，想往东去但朝西走一样，这样做没有希望是很明显的。一只兔子在野地跑，会有一百个人去追它，并非因为这只兔子能够分成一百份，而是由于它到底归谁所有还没确定。满集市卖兔子的人，但是连盗贼也不敢强取，这是由于兔子归谁所有已经确定了。因此当事物归谁所有的名分还没确定时，连尧、舜、禹、汤那样的人，也会如同奔马一样去追兔子。在名分已经确定之后，就是贪心的盗贼也不敢强取。如今如果法令不明确，它的条文内容经常变化，天下人就会议论纷纷，这些谈论，一个人一个说法，没有统一的意见。国君在上面制定法令，民众却在下面议论纷纷，这就是法令不确定。民众议论国君制定法令了，这即是所谓名分不确定。名分不确定，尽管像尧、舜那样的人，也要去做违犯名分的事，何况平常人呢？这是使奸恶泛滥，国君丧失威势，国家灭亡，江山沦丧的道路。古代圣人写出了书，传到后世，一定要有老师传授，才能知晓书中所说的内容；假如不由老师传授，而是人人都根据自己的理解去议论它，那么到死也搞不明白书中的内容和意义。因此，圣明的国君一定要制定法令，设置官吏，做天下人的老师，就是为了确定名分。名分确定了，就是很奸邪的人也会变得诚实可信，民众也都谨慎诚实，而且都能够自己管住自己。因此，名分确定了，是形势趋向安定的途径，名分不确定，是形势趋向动乱的途径。形势趋向安定，就不会动乱；形势趋向动乱，就不会安定。形势趋向动乱而去治理，就会更乱；形势趋向安定而去统治，才能统治得好。因此，圣明的国君在形势趋向安定的情形下治国；而不在形势趋向动乱的情况下治国。

微妙地表达思想言论，上等才智的人也不易理解。不需要法令规范，而行为都正确的，在千万人中只有一个。所以圣明的国君是针对千万人来治理天下，只有智者理解后别人才能够明白的东西，不能作为法令，因为百姓并非人人都是智者。只有贤能的人理解后别人才能理解的东西，也不能作为法令，因为百姓并非人人贤能，所以圣明的国君制定法令一定要明白易懂，确定名分，愚人智者都能理解。为百姓设置法官，设置负责法令的官吏，作为天下民众的老师，要让万民不陷入触犯法律的危险境地，所以圣明的国君掌握政权，天下没有受刑被杀的人，并不是他不用刑法杀人，而是圣明的国君推行的法令明白易懂，又给民众设置负责法令的官吏作为他们的老师，引导他们理解法令，万民都知道应该躲避什么，靠近什么，避祸近福，就都能各自为治。所以明君凭借人民自治的基础来完成国家的治理，因此国家就大治了。